논·술·한·국·대·표·문·학

44

수탉·오리온과 능금

이효석

가을과 산양 · 공상 구락부 · 사냥 · 일표의 공능 · 삽화 외

KB192211

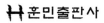

훈민출판사

새의 둥지. 〈들〉에서 새 둥 우리를 발견한 나는 반갑고 '거룩한' 감정을 느낀다.

The Best Korean Literature

이효석의 생가. 이효석은 1907년 강원도 평창군 봉평면 남안동 681번지에서 진부면장을 지낸 이시후의 장남 으로 태어났다.

이효석의 흉상. 이효석은 세련된 언어와 시적 분위기 속에서 향토적이면서도 이국에 대한 그리움이 짙게 밴 작품들을 많이 썼다.

이효석 생가터 표지석.

석류. 단편 〈석류〉에서 재희는 허끝에 뱅뱅 도는 석류의 새콤한 맛을 그리워 한다.

이효석의 초상화. 가산 이효석은 《조선지광》에 〈도시와 유령〉을 발표하면서 데뷔하였다. 초기의 경향적인 성격과 후기의 원초적인 에로티시즘의 세계 사이에는 많은 차이가 있지만, 이효석만이 지닌 '아름다운 시의 정신'이 녹아 흐르고 있다.

들판 풍경. 이효석의 〈들〉은 꽃다지, 질경이, 솔구장이, 다래, 무릇 등 온갖 야생화와 나물들이 푸른 정기를 뿜어 내는 향토적인 분위기의 작품이다.

서울 전경. 이효석은 〈도시와 유령〉에서 미장이 일을 하는 도시 빈민 '나'의 생활을 고발하면서 도시 사회에 존재하는 여러 가지 모순들에 관심을 보였다.

The Best Korean Literature

강원도 평창. 이효석 문학의 발자취를 더듬을 수 있는 평창 일대는 빼놓을 수 없는 문학 답사 코스가 되고 있다.

평창의 눈 덮인 겨울 전경. 이효석은 강원도 평창에서 서당을 다니며 한문을 공부하였고, 1920년에 평창공립보통학교를 졸업했다.

구인환(丘仁煥)

서울대학교 사범대학 졸업. 동 대학원 졸업(문학박사)
서울대학교 명예교수, 소설가(현). 서울대학교 사범대학 국어교육연구소 소장(현)
문학과문학교육연구소 소장(현). 국제펜 한국본부 부회장(현)
한국소설문학상(1987) 예술문화대상(1994) 한국문학상(2000)
작품 〈숨쉬는 영정〉, 〈살아 있는 날들〉, 〈일어서는 산〉 외 다수

- **저서** ≪한국단편소설의 이해≫, ≪한국현대소설의 비평적 성찰≫,
  ≪고교생이 알아야 할 소설≫, ≪고교생이 알아야 할 세계단편소설≫ 외 다수

윤병로(尹柄魯)

성균관대학교 국어국문학과 졸업. 동 대학원 졸업(문학박사)
성균관대학교 교수, 문학평론가(현). 한국현대소설학회장(현)
한국문예학술저작권협회 이사(현). 한국간행물윤리위원회 위원(현)
한국펜 문학상(1987). 한국문학상(1988). 대한민국문학상(1989)
수필집 ≪나의 작은 애인들≫

- **저서** ≪현대 작가론≫, ≪한국 현대 소설의 탐구≫,
  ≪한국 근대 작가 작품 연구≫, ≪한국 현대작가의 문제작 평설≫ 외 다수

홍성암(洪性岩)

고려대학교 국어국문학과 졸업. 한양대학교 대학원 국어국문학과 졸업(문학박사)
동덕여자대학교 교수, 소설가(현). 한국문인협회 회원(현)
한국소설가협회 이사(현). 국제펜 한국본부 소설분과 이사(현). 한민족 문화학회 회장(현)
창작집 ≪큰 물로 가는 큰 고기≫, ≪어떤 귀향≫ 외
대하역사소설 ≪남한산성≫(전9권) 외 다수

- **저서** ≪문학의 이해≫, ≪현대 작가론≫, ≪한국 근대 역사소설 연구≫ 외 다수

기 획 · 감 수

수탉. 이효석은 단편 〈수탉〉에서 실연당한 을손의 모습을 이웃집 닭에게 지기만 하는 수탉의 모습에 빗대었다.

논술 한국대표문학을 펴내며

21세기의 사회는 '전자 문명 시대'라 일컬어질 만큼 오늘날 전자 산업은 우리 생활의 거의 모든 분야에 다양하게 응용되고 있습니다. 출판 분야 또한 예외는 아니어서, 종래의 서책(Book) 대신에 이른바 '전자책(CD-ROM)'의 출간이 최근 들어 날로 증가하고 있습니다.

그러나 이러한 전자책은 영상 또는 모니터상으로 흥미 위주나 백과사전식 지식을 습득하는 데는 효과적일지 모르지만, 문학 공부를 위해서는 별로 도움이 되지 않습니다. 바꾸어 말하면, 문학 공부는 각 지면마다 살아 숨쉬는 표현 하나하나를 독자 자신의 머리로 음미하면서 작품을 읽어 나가는 가운데, 풍부한 상상력의 배양과 함께 작가의 의도와 그 작품의 내면을 깊이 있게 이해함으로써 이루어지는 것입니다.

이에 훈민출판사에서는, 자라나는 학생들이 범람하는 영상 매체에 길들여지기 전에, 어려서부터 유명한 세계문학 작품들을 책자를 통하여 감명 깊게 읽고 감상함으로써, 올바른 문학 공부의 기틀을 다지고, 아울러 전인 교육도 할 수 있도록 《논술 한국대표문학(전60권)》을 펴내게 되었습니다.

작품 선정은, 초·중·고등학교 국어 교과서와 역사 교과서에 실리거나 소개된 문학 작품을 중심으로 하되, 그리스 신화와 성경 이야기 등의 고전에서부터 중세·근대·현대에 이르기까지 세르반테스·셰익스피어·톨스토이 등 세계 유명 작가들의 장·단편 소설들을 엄선·수록하였습니다. 또 세계의 명시도 별권으로 엮었으며, 특히 각 단락마다 '논술 문제'를 제시하여, 장차 대학입시를 비롯한 각종 '논술 고사'에 예비 지식을 쌓을 수 있도록 배려하였습니다. 아무쪼록, 이 《논술 한국대표문학(전60권)》이 자라나는 학생들에게 문학 공부의 주춧돌이 되고, 나아가 미래를 살아가는 데 정신적 자양분이 되기를 진심으로 바라 마지않습니다.

훈민출판사

차례

이효석

수탉/가을과 산양

오리온과 능금/공상 구락부

사냥/일표의 공능

삽화/도시와 유령

행진곡/기우

깨뜨려지는 홍등/황제

지은이

1907~1942년. 호는 가산. 강원도 평창 출생이다. 1925년 《매일신보》에
시 〈봄〉이 당선되고, 이어 단편 소설 〈도시와 유령〉을 발표하며 동반자 작가로
활동했다. 초기에는 도시 빈민층을 주인공으로 하여 빈부의 격차와 계급 간의
갈등을, 후기에는 인간의 본능을 다룬 서정적인 작품을 썼다. 주요 작품으로
는 〈메밀꽃 필 무렵〉, 〈분녀〉, 〈낙엽기〉, 〈장미 병들다〉 등이 있다.

수 탉

을손은 요사이 울적한 마음에 닭 시중도 게을리하게 되었다. 그 알뜰히 기르던 닭들이 도무지 눈에도 들지 않으며 마음을 당기지 못하였다. 모이는새로에(모이는 커녕) 뜰 앞을 어른거리는 꼴을 보면 나뭇개비를 집어들게 되었다. 치우지 않은 우리 속은 지저분하기 짝없다.

두 마리를 팔면 한 달 수업료가 된다. 우리 안의 수효가 차차 줄어짐이 그다지 애틋한 것은 아니었다. 도리어 제때 가질 운명을 못 가지고 우리 안을 헤매는 한 달 동안의 운명을 벗어난 두 마리의 꼴이 눈에 거슬렸다. 학교에 안 가는 그 한 달 수업료가 늘려진 것이다.

그 두 마리 중에서도 못난 한 마리의 수탉——가장 초라한 꼴이었다. 허울이 변변치 못한 위에 이웃집 닭과 싸우면 판판이 졌다. 물어 뜯긴 맨드라미에는 언제 보아도 피가 새로이 흘러 있다. 거적눈인데다 한쪽 다리를 전다. 죽지의 깃이 가지런하지 못하고 꼬리조차 짧았다. 어떤 때면 암탉에게까지 쫓겼다. 수탉 구실을 못하는 수탉이 보기에도 민망하였으나 요사이 와서는 민망할 정도를 넘어 보기 싫은 것이었다. 더구나 한 달의 운명을 우리 안에 더 붙이게 된 것이 을손에게는 밉살스럽고 흉측스럽게 보일 뿐이었다.

학교에 못 가는 마음이 몹시 답답하였다.

능금을 따고 낙원을 쫓긴 것은 전설이나 능금을 따다 학원을 쫓긴 것은 현실이다.

농장의 능금은 금단의 과실이었다.

을손들은 율칙을 어긴 것이다.

동무들의 꾀임에 빠졌다느니보다도 을손 자신 능금의 유혹에 빠졌던 것이다. 능금은 사치한 욕망이 아니다. 필요한 식욕이었다.

당번은 다섯 명이었다. 누에를 다 올린 후이라 별로 할 일 없이 한가하였던 것이 일을 저지른 시초일는지 모른다. 잡담으로 자정이 되기를 기다렸다가 일제히 방을 나가 어둠 속에 몸을 감추고 과수원의 철망을 넘었다.

먹다 남은 것을 아궁이 속에 넣은 것은 감쪽같았으나 마지막 한 개를 방구석 뽕잎 속에 간직한 것이 실책이었다.

이튿날 아침 과수원 속의 발자취가 문제되었을 때 공교롭게도 뽕잎 속의 그 한 개가 발견되었다.

수색의 길은 빠하다. 간밤에 다섯 명의 당번이 차례로 반 담임 앞에 불리게 되었다.

굳게 언약을 해 놓고서도 어느 때나 마찬가지로 그 어디로부터인지 교묘하게 부서진다. 약한 한 사람의 동무의 입에서 기어이 실토가 된 모양이었다. 한 사람씩 거듭 불려 들어갔다.

두 번째 호출이 시작되었을 때 을손은 괴상한 곳에 있었다.

몸이 무거워 그 곳에 들어간 것이 아니라 얼마 동안의 귀찮은 시간을 피하려 일부러 그런 곳을 고른 것이었다.

한 사람이 들어가 간신히 웅크리고 앉았을 만한 네모진 그 좁은 공간 ──거북스럽기는 하여도 가장 마음 편한 곳도 그 곳이었다. 그 곳에 앉았으면 마치 바닷물 속에 잠겨 있는 것과도 같이 몸이 거뿐한 까닭이다.

밖 운동장에서는 동무들의 지껄이는 소리, 웃음소리, 닫는 소리에 섞여 공 구르는 가벼운 소리가 쉴 새 없이 흘러와 몸은 그 즐거운 소리를 타고 뜬 것 같다.

을손은 현재 취조를 받고 있을 당번의 동무들과 자신의 형편조차 잊어버리고 유유히 주머니 속에서 담배를 한 개 집어내서 불을 붙였다. 실상인즉 담배도 능금과 같이 금단의 것이었으나 율칙을 어김은 인류의 조상이 끼쳐 준 아름다운 공덕이다. 더구나 그 곳에서 한 모금 피우기란 무상의 기쁨이라고 을손은 생각하는 것이었다.

이것도 그 곳의 특이한 풍속으로 벽에는 옷을 입지 않을 때의 남녀의 원시적 자태가 유치한 필치로 낙서되어 있다. 간단한 선, 서투른 그림이면서도 그것은 일종의 기쁨이었다.

을손도 알 수 없는 유혹을 받아 주머니 속에서 무딘 연필을 찾아 향기로운 연기를 길게 뿜으면서 상상을 기울여 그림을 그리기 시작하였다.

능금을 먹은 뒤에 담배를 피우며 낙서를 하며——위반을 거듭하는 동안에 을손은 문득 학교가 싫은 생각이 불현듯이 들었다.——가령 학교에서 능금 딴 제자를 문초한 교사가 일단 집에 돌아갔을 때 이웃집 밭의 능금을 딴 어린 아들을 무슨 방법으로 처벌할 것이며, 그 자신 능금을 따던 소년 시대를 추억할 때 어떤 감상과 반성이 생길 것인가. 또 혹은 학교에서 절제의 미덕을 가르치는 교사 자신이 불의의 정욕에 빠졌을 때 그 경우는 어떻게 설명하여야 옳을 것인가.——마치 십계명을 설교하는 목사 자신이 간음의 죄에 신음하는 것과도 흡사한 그 경우를.

가깝게 생각하여 특수한 과학과 기술을 배워야 그것을 이용할 자신의 농토조차 없는 형편이 아닌가.

변변치 못하다. 초라하다. 잗다란 보수를 바라 이 굴욕을 받는 것보다는 차라리 좁고 거북한 굴레를 벗어나 아무 데로나 넓은 세상으로 뛰고 싶

다. 을손의 생각은 고삐를 놓은 말같이 그칠 바를 몰랐다. 아마도 오래된 듯하다.

하학 종소리가 어지럽게 울렸다.

이튿날 아버지는 단벌의 나들이 두루마기를 입고 학교에 불리었다.

무기정학의 처분이었다.

아버지는 어안이 벙벙한 모양이었다.──정든 아들을 매질할 수도 없었으므로.

을손은 우리 안의 닭을 모조리 훌두드려 팔아 가지고 내빼고 싶은 생각이 불같이 났으나 그것도 할 수 없어 빈손으로 집을 떠났다.

이웃 고을을 헤매다가 사흘 만에 다시 집으로 돌아왔다.

밭일도 거들 맥없어 며칠은 천치같이 보낼 수밖에 없었다.

우리 안의 닭의 무리가 눈에 나 보였다. 가운데에서도 못난 수탉의 꼴은 한층 초라하다. 고추장에 밥을 비벼 먹여도 이웃집 닭에게 지는 가련한 신세가 보기에도 안타까웠다.

못난 수탉, 내 꼴이 아닌가.──을손은 화가 버럭 났다.

한가한 판이라 복녀와는 자주 만날 수는 있는 처지였으나 겸연쩍은 마음에 도리어 주저되었다.

을손의 처분을 복녀는 확실히 좋게 여기지는 않는 눈치였다.

복녀는 의지의 여자였다. 반 년 동안의 원잠종 제조소의 견습생 강습을 마친 터이라, 오는 봄부터는 면의 잠업 지도생으로 나갈 처지였다. 건듯하면 게을리 되는 을손의 공부를 권하여 주고 매질하여 주는 복녀였다. 학교를 마치면 맞들고 벌자는 언약이었으나 을손의 이번 실수가 복녀를 실망시킨 것은 확실하였다. 무능한 사내──복녀에게 이같이

의미 없는 것은 없었다.

하루 저녁 복녀를 찾았을 때 을손에게는 모든 것이 확적히 알렸다.

나온 것은 복녀가 아니요 복녀의 어머니였다.

"앞으론 출입도 피차에 잦지 못하게 될 것을 생각하니 섭섭하기 그지없네."

뜻을 몰라 우두커니 서 있으려니 복녀의 어머니는 말을 이었다.

"기어이 알맞은 사람을 하나 구해 봤네."

천근 같은 무쇠가 등골을 내리쳤다.

"조합에 얌전한 사람이 있다기에 더 캐지도 않고 작정하여 버렸어."

복녀는 찾아볼 생각도 못하고 을손은 허전허전 뛰어나왔다.

"복녀의 뜻일까, 춘향모의 짓일까."

물을 필요도 없었다.

눈앞이 어둡고 천지가 헐어지는 것 같았다.

며칠 동안은 눈에 아무것도 어리지 않았다.

앙상한 밤송이 같은 현실.

한 달이 넘어도 학교에서는 복교의 통지도 없다.

저녁때였다.

닭이 우리 안에 들어 각각 잠자리를 차지하였을 때 마을 갔던 수탉이 어슬어슬 돌아왔다.

또 싸운 모양이었다.

찢어진 맨드라미에는 피가 생생하고 퉁겨진 죽지의 깃이 거꾸로 뻗쳤다.

다리를 저는 것은 일반이나 걸어오는 방향이 단정치 못하다. 자세히 보니 눈이 한쪽 찌그러진 것이었다. 감긴 눈으로 피가 흘러 털을 물들였다.

참혹한 꼴이었다.

측은한 생각은 금시에 미움의 감정으로 변하였다. 을손은 불 같은 화가 버럭 났다.

──그 꼴을 하고 살아서는 무엇 해.

살기를 띤 손이 부르르 떨렸다. 손에 잡히는 것을 되구말구 닭에게 던졌다.

공칙하게도 명중되어 순간 다리를 뻗고 푸득거리는 꼴에서 을손은 시선을 피해 버렸다. 끊었다 이었다 하는 가엾은 비명이 을손의 오장을 뒤흔들어 놓는 듯하였다.

가을과 산양

　화단 위 해바라기 송이가 칙칙하게 시들었을 젠 벌써 가을이 완연한 듯하다. 해바라기를 비웃는 듯 국화가 한창이다. 양지 쪽으로 날아드는 나비 그림자가 외롭고 풀숲에서 나는 벌레 소리가 때를 가리지 않고 물 쏟아지듯 요란하다. 아침이나 낮이나 밤이나 그 어느 때를 가릴까. 사람의 오장육부를 가리가리 찢으려는 심산인 듯하다. 애라에게는 가을같이 두려운 시절이 없고 벌레 소리같이 무서운 것이 없다. 지난 7년 동안——준보를 알기 시작했을 때부터 그 어느 가을인들 애라에게 쓸쓸하지 않은 가을이 있었을까! 밤 자리에 이불을 쓰고 누우면 눈물이 되로 흘러 베개를 적신다.

　"사랑이란 무엇인가?"

　스스로 물을 때,

　"외롭고 적적하고 얄궂은 것."

　7년 동안에 얻은 결론이 이것이었다. 여러 해 동안 적어 온 사랑의 일기가 홀로 애태우고 슬퍼한 피투성이의 기록이었다. 준보는 언제나 하늘 위에 있는 별이다.

　만질 수 없고 딸 수 없고 영원히 자기의 것이 아닌 하늘 위 별이다.

　한 마리의 여우가 딸 수 없는 높은 시렁 위 포도송이를 바라보고 딸 수 없으므로 그 아름다운 포도를 떫은 것이라고 비난하고 욕질한 옛날

이야기를 생각하며, 애라는 몇 번이나 그 여우를 흉내내어 준보를 미워해 보려고 했는지 모르나 헛일이어서, 준보는 날이 갈수록에 더욱 그립고 성스럽고 범하기 어려운 것으로만 보였다. 이 세상은 왜 되었으며, 자기는 왜 태어났으며, 자기와 인연 없는 준보는 왜 나타났을까——.

준보의 마음과 자기의 마음은 왜 그다지도 어긋나며, 준보가 그다지 대수롭게 여기지 않는데도 왜 자기의 마음은 한결같이 그에게로 기울을까?——자나깨나 애라에게는 이것이 큰 수수께끼였다. 준보가 옥경이와 결혼한다는 발표가 났을 때가 애라에게는 가장 무서운 때였다. 동무 옥경이의 애꿎은 야유였을까? 결혼의 청첩은 왜 보내왔을까? 애라에게는 여러 날 동안의 무서운 밤이 닥쳐왔다. 자기의 패배가 무엇에 원인이 되었나를 생각하고 자기의 육체를 저주하고 얼굴을 비춰 주는 거울을 깨뜨려 버렸다. 7년 동안의 불행을 실어 온다는 거울을 깨뜨려 버리고는 어두운 방 안에서 죽음을 생각했다. 몸이 덥고 가슴이 답답하고 불 냄새가 흘러오면서 세상이 금시에 바서지는 듯했다. 그 괴로운 죽음의 환영에서 나는 일주일이 넘어 걸렸다. 준보를 얼마나 미워하고 옥경이를 얼마나 저주했을까.

그런 고패를 겪었건만 그래도 여전히 준보에게 대한 미련과 애착이 끊어지지 않음은 웬일일까?

준보는 자기를 위해 태어난 꼭 한 사람일까? 전세에서부터 미래까지 자기가 찾는 사람은 단 한 사람 준보라는 지목을 받아 온 것일까? 너무도 고전적인 자기의 사랑에 애라는 싫증이 나면서도 한편 여전히 그 사랑에 매어 가는 스스로의 감정을 어쩌는 수 없었다. 준보 외에 그의 영혼을 한꺼번에 끌어당길 사람은 다시 그의 앞에 나타날 성싶지는 않았고, 그런 추잡한 생각을 하는 것부터가 싫었다. 준보는 무슨 일이 있었던 간에 그에게는 영원의 꿈이요 먼 나라이다. 준보의 아름다운 환영을

가슴속에 간직해 가지고 평생을 지내겠다고 마음먹었을 때 애라에게는
절망의 속에서도 한 줄기 희망이 솟아올랐다.

"이르는 말은 안 듣구 언제까지든지 어쩌자는 심사냐? 늙어빠질 때까
지 사람이 홀몸으로 지낼 수 있을 줄 아나 부다."

어머니는 오래전부터 내려오는 혼인 말을 되풀이하고는 딸의 마음을
야속히 여기고 때때로 보챈다. 그러나 애라는 자기 방에 묻힌 채 책을
읽거나 무료해지면 염소를 끌고 풀밭으로 나간다. 고요한 마음의 생활
을 보내며 준보들의 동정을 들으면서 가을을 보내고 가을을 맞이해
왔다.

며칠 전 준보에게서 편지를 받고 애라는 가라앉았던 가슴이 다시 설
레기 시작하고 마음의 상처가 다시 살아났다. 준보 부부가 별안간 음악
수업차로 미주로 떠나게 되었다는 것이요, 그들 송별의 잔치를 동무들
이 발기한 것이었다. 인쇄된 청첩에 준보는 기어이 출석해 달라는 뜻을
따로 적어서 보냈던 것이다. 초문의 소식에 애라는 놀라며 곧 옷을 차
리고 나섰다가 다시 반성하고 머뭇거려도 보았으나 결국 출석하기로
했다.

오후의 호텔은 고요하면서도 그 어디인지 인기척을 감추고 수떨스런
기색을 보이고 있었다. 손님들의 자태는 그리 보이지 않건만 잔치를 준
비하는 중인지 보이들의 오락가락하는 모양이 눈에 삼삼거린다. 복도를
들어가 바른편 객실을 기웃거렸을 때 모임에 출석하는 사람인 듯한 4,
5인이 웅얼거리고들 앉았다. 낯선 속에 어울리기도 겸연쩍어서 애라는
복도를 꾸부려져 왼편 객실로 들어갔다. 카운터에서 한 사람의 보이가
계산에 열중하고 있을 뿐 객실은 고요하다. 애라는 차 한 잔을 분부하
고는 창 가까이 자리를 잡았다. 창밖은 조그만 뜰이 되어서 몇 포기의
깨끗한 백양나무가 여름 한철 깊은 그늘 속에서 이슬을 뿜고 있던 것

이, 이 역 어느덧 가을을 맞이해서 병들어 가는 잎들이, 바람도 없건만 애잔하게 흔들리고 있다. 가을은 어느 구석에든지 숨어드는구나, 여기도 밤에는 벌레 소리가 얼마나 요란할까——생각하면서 찻잔을 들려고 할 때 공교롭게도 문득 눈앞에 나타난 것이 준보였다. 그 날 모임의 주빈답게 검은 예복으로 단장한 그의 자태가 그 어느 때보다도 싱싱하게 눈을 끌었다. 그렇게 가깝게 면대하기는 오래간만이었다. 언제든지 그의 앞이 어렵고 스스럽고 부끄러운 애라였다. 가슴이 두근거리며 고개를 숙여 버렸다.

"진작 만나뵙고 여러 가지 얘기 드리려던 것이 급작스레 떠나게 돼서 이제야 기회를 얻었습니다. 옥경이의 희망도 있구 해서 별안간 미주행을 계획한 것인데 한 1년 지내구 내년 가을에는 구라파로 건너갈 작정입니다만."

준보의 당황한 설명에 애라는 한참이나 동안을 두었다가 입을 열었다.

"그러실 줄 알았죠. ——별일 없으면서두 떠나신다니 섭섭해요. 어디를 가시든지 편안하셔야죠. 두 분의 행복을 비는 것이 이제는 제 행복이 됐어요……. 행복이구 불행이구 간에 어쩌는 수 없이 그것만이 밟아야 할 길이 된 것을요."

다음 말까지에는 또 한참이나 동안이 뜬다.

"남의 집 창밖에 서서 안을 기웃거리는 가난한 마음을 짐작하실 수 있으세요? 안에는 따뜻한 불이 피고 평화와 단란이 있죠. 밖에 서 있는 마음은 춥고 떨리고."

준보가 그 대답을 하는데 다시 한참이 걸린다.

"…… 경우가 어떻게 됐든 간에 그 동안의 애라 씨의 심정을 나는 감사의 생각 없이는 받을 수 없었습니다. 7년 동안의 변함없는 정성에

값갈(값나갈) 만한 사내가 아닌 것을요."

"감사란 말같이 싫은 말은 없어요. 제가 요구할 권리가 없듯이 감사하실 것은 없으세요."

"감사는 하면서두 요구에 대답하지 못하는 것을 슬퍼합니다. 일이 애꿎게 그렇게 되는군요. 솔직하게 말하면 처음엔 무심했던 것이 차차 그 곧은 열정을 알게 됐을 때 난 무서워도 졌습니다."

"그래요. 전 남을 무섭게만 구는 허수아빈지두 몰라요."

"……운명이라는 것 생각해 보신 적 있습니까? 슬픈 것, 기쁜 것, 어쩌는 수 없는 운명이라는 것……."

"운명을 생각할 때 진저리가 나구 울음이 나요."

"……거역하구 겨뤄 봐두 할 수 없는 것. 고지식이 항복할 수밖에 없는 것."

"결국 그렇게 돌리구 그렇게 생각할 수밖엔 없겠죠. 슬픈 일이긴 하나……."

시간이 가까워 와 그 객실에까지 사람의 그림자가 어른거리게 되었을 때 두 사람은 회화를 그쳤으나, 이윽고 다른 방에서 연회가 시작되었을 때에도 애라에게는 은근히 준보의 모양만이 바라보였다. 그의 옆에 앉은 옥경이의 자태까지도 범하기 어려운 하늘 위 존재로 보임은 웬일이었을까? 연회가 끝난 후 여흥으로 부부의 피아노 듀엣의 연주가 있었다. 건반 앞에 나란히 앉아 가벼운 곡조를 울리는 두 사람의 자태는 그대로가 바로 곡조에 맞춰 승천하는 한 쌍의 천사의 자태이지 속세의 인간의 모양들은 아니었다. 그렇듯 아름다운 두 사람의 모양은 애라와는 너무도 먼 지경에 놓여 있었다. 그 거리가 구만리일까?——애라는 그날 밤같이 준보들과의 사이에 큰 거리를 느껴 본 적은 없었다.

"이것이 준보가 말한 운명이란 것인가?"

애라는 새삼스럽게 설운 생각이 들며 그 날 밤 출석을 뉘우치고 될 수 있으면 그 자리를 물러나고도 싶었으나, 그런 무례를 범할 수도 없어 그 괴로운 운명의 시간을 그대로 참을 수밖에는 없었다. 가슴속은 보이지 않는 눈물로 젖었다.

괴로운 시간에 놓여서 사람들과 함께 식당을 나오게 되었을 때 다시 다음 괴로움이 준비되어 있었다. 옥경이가 긴한 듯이 달려와서 옆에 서는 것이었다.

"이렇게 와 주어서 고맙긴 하나 한편 미안두 해요."

그러나 옥경이의 태도는 자랑에 넘치는 태도였지 미안하다는 태도는 아니었다.

"애라두 소풍 겸 저리로나 떠나 보면 어때, 좁은 데서 밤낮 속만 태우지 말구."

조롱인지 충고인지, 그러나 애라는 그것을 충고로 듣는 것이 옳은 듯했다.

"목적두 없이 가선 뭘 하누."

"그렇게 또렷한 목적 가진 사람이 어디 있겠수. 목적을 가졌다구 다 이루어지는 것두 아니구. 그저 맘속에 늘 무엇을 생각하구만 있으면 그것이 목적이 아니우?"

"무얼 생각하누."

"가령 고향을 생각해두 좋지. 외국에 가서 고향을 생각하는 속에 목적은 아니지만 그 무엇이 있을 법하잖우?"

"어서 무사히 다녀들이나 와요."

"구라파로나 떠나 봐요. 내년 가을쯤 파리에서나 같이 만나게."

애라에게는 옥경이와의 대화가 도시 괴로운 것이었다. 준보들과 작별하고 그 괴로운 분위기를 떠나 한걸음 먼저 거리로 나왔을 때 지옥을 벗어나온 듯도 했으나, 한편 거리의 등불이 왜 그리 쓸쓸하게 보이고 오고가는 사람들의 모양이 왜 그리 무의미하게 보였을까. 찻집에 들렀을 때 레코드에서는 베토벤의 운명 교향악이 흘렀다. 열리지 않는 운명의 철문을 두드리는 답답하고 육중한 음향이 거의 육체를 협박해 오는 지경이었다. 운명 교향악은 음악이 아니요 운명 그것이다. 운명 교향악을 작곡한 베토벤은 음악가가 아니요, 미치광이나 그렇지 않으면 조물주다. 애라는 운명 교향악을 들을 때마다 몸에 소름이 치고 금시 미칠 듯이 몸이 떨리구 한다.

"찻집에서까지 운명 교향악을 걸 필요가 무엔가? 즐겁게 차 먹으러 오는 곳에 미치광이 음악이 아랑곳인가?"

애라는 중얼거리며 분부했던 차도 마시는 둥 마는 둥 뛰어나와 버렸다. 등줄기를 밀치는 듯 등 뒤에서 교향악의 연속이 애끓게 울려 오는 것을 들으며 거리를 걷는 애라의 마음속에는 무거운 구름이 겹겹으로 드리웠다.

이튿날 역에서 준보 부부를 떠나보내고 집으로 돌아온 애라는 한꺼번에 세상이 헐어진 것 같은 생각이 나며 눈알이 둘러파일 지경으로 어두웠다. 두 번째 죽음을 생각하고 약국에서 사온 약병을 밤새도록 노리면서 한 생각을 되하고 곱돌아하는 동안에 나중에는 죽음 역시 쓸데없는 것으로 생각되었다.

"어차피 짓궂은 운명이라면 그 운명과 겨뤄 보는 것이 어떨까? 진 줄은 뻔히 알지마는 그 패배의 결론과 다시 대항하는 수도 있지 않을까? 즉, 두 번째 싸움이다. 이번이야말로 사생결단의 무서운 싸움이다."

이렇게 깨닫자 애라에게는 절망 속에서도 다시 한줄기의 햇빛이 돋아오며 문득 옥경이의 권고가 생각났다.

"……구라파로나 떠나 봐요. 내년 가을쯤 파리에서나 같이 만나게 ……. 또렷한 목적 가진 사람이 어디 있겠수. 그저 마음속에 늘 무엇을 생각하구만 있으면 그것이 목적이 아니우……."

옥경이가 무슨 뜻으로 했든지 간에 이제 애라에게는 이것이 한줄기의 암시였다. 애라는 머릿속에 닿다가 보지 못한 외국을 환상하며 책시렁에서 한 권의 책을 뽑아 기행문의 구절구절을 마음속에 외어 보는 것이었다.

"──시월을 잡아들면 파리는 벌써 아주 겨울 기분이 돈다. 나뭇잎새는 죄다 떨어지고 안개 끼는 날이 점점 늘어가서 그 안개 속을 사람의 그림자가 어렴풋하게 거무스름하게 움직이게 된다──."

그 사람의 그림자를 마치 자기의 그림자인 듯 환상하고 그 파리의 한 구석에서 준보를 만나게 될 것을 생각하면서 기행문의 구절구절을 아끼면서 두 번 읽고 다시 되풀이하였다.

그 날부터 애라에게는 또렷한 구체적 성산도 없으면서 다시 먼 곳을 꿈꾸는 버릇이 시작되었다. 외국의 풍경을 상상하고 준보의 뒷일을 궁금히 여기면서, 그러나 기실 하루하루가 더욱 쓸쓸하고 적막해 갈 뿐이었다.

외로운 꿈에서 깨어서는 개같이 방 속에서 나와 뜰에 매인 흰 염소를 데리고 집 앞 풀밭을 거닌다. 턱 아래다 불룩하게 수염을 붙인 흰 염소는 그 용모만으로도 벌써 이 세상에 쓸쓸하게 태어난 나그네다. 초점 없는 흐릿한 시선을 풀밭에 던지면서 그 어느 낯선 나라에서 이 세상에 잘못 온 듯이도 쓸쓸하게 운다. 울면서 풀을 먹고 풀에 지치면 종이를 좋아한다. 그 애잔한 자태에 애라는 자기 자신의 모양을 비해 보고 운명을 생각하면서 종이를 먹인다. 한 권의 잡지면 여러 날을 먹는다. 백지를 먹을 뿐 아니라 인쇄된 글자까지를 먹는다. 소설을 먹고 시를 먹는다. 잡지 대신에 애라는 하루는 묵은 일기장을 뜯어서 먹이기 시작하였다. 7년 동안의 사랑의 일기——지금에는 벌써 쓸모없는 운명의 일기——그 두꺼운 일곱 권의 일기장을 모조리 찢어서 염소의 뱃속에 장사 지내기 시작했던 것이다. 흰 염소는 애잔한 목소리로 새침하게 울면서 주인의 운명을——슬픈 역사를 싫어하지 않고 꾸역꾸역 먹는다.

염소 배가 불러지면 주인은 염소를 몰고 풀밭을 떠나 강가로 나간다. 물을 먹이면서 주인은 흰 돌 위에 서서 물소리 속에 흘러간 지난날을 차례차례로 비추어 본다. 해가 꼬빡 져서 집으로 돌아오면 다시 게같이 꿈의 보금자리인 방으로 기어든다. 방에서는 가을 화단이 하늘같이 맑게——그러나 쓸쓸하게 내다보인다.

해바라기 송이가 칙칙하고 국화가 한창이다. 양지 쪽으로 날아드는 나비 그림자가 외롭고 풀숲에서 나는 벌레 소리가 때를 가리지 않고 물 쏟아지듯 요란하다. 아침이나 낮이나 밤이나 그 어느 때를 가릴까? 사람의 오장육부를 가리가리 찢으려는 심사인 듯도 하다. 애라에게는 가을같이 두려운 시절이 없고 벌레 소리같이 무서운 것이 없다. 밤 자리에 이불을 쓰고 누우면 눈물이 되로 흘러 베개를 적시고야 만다.

오리온과 능금

1

나오미가 입회한 지는 두 주일밖에 안 되었고, 따라서 그가 연구회에 출석하기는 단 두 번임에도 불구하고 어느덧 그의 태도가 전연 예측하지 아니하였던 방향으로 흐름을 알았을 때에 나는 놀라지 않을 수 없었다. 사람의 감정의 움직임이란 예측하기 어려운 것이지만 짧은 시간에 그가 나에 대하여 그런 정서를 품게 되었다는 것은 도무지 뜻밖의 일이었음을 나는 놀라는 한편, 현혹한 느낌을 마지않았던 것이다.

하기는 나오미가 S의 소개로 입회하게 된 첫날부터 벌써 나는 그에게서 '동지'라는 느낌보다도 '여자'라는 느낌을 더 많이 받았다. 그것은 나오미가 현재 어떤 백화점의 여점원이요, 따라서 몸치장이 다소 사치한 까닭이라는 것보다도 대체로 그의 육체와 용모의 인상이 너무도 연하고 사치한 까닭이었다. 몸이 몹시 가늘고 입이 가볍고 눈의 표정이 너무도 풍부하였다. 그의 먼 촌 아저씨가 과거에 있어서 한 사람의 굳건한 ×× 으로서 현재 영어의 몸이 되어 있다는 소식도 S를 통하여 가끔 들은 나였지마는, 그러한 나의 지식과 나오미의 인상과의 사이에는 한 점의 부합의 연상도 없고 물에 뜬 기름 모양으로 서로 동떨어진 것이었다.

그것은 마치 같은 가지에 붉은 꽃과 푸른 꽃의, 이 전연 색다른 두 송이의 꽃이 천연스럽게 맺히는 것과도 같은 격이었다. 그러나 연약한 인상이라고 그의 미래를 약속하지 못하는 법은 없을 것이다.

그러므로 진실한 회원이요, 믿음직한 동지인 S가 그를 소개하였을 때에 우리는 그의 입회를 승낙하기에 조금도 인색하지 않았던 것이다.

그러나 차차 그를 만나게 될수록 동지라는 느낌은 사라지고 여자라는 느낌이 그에게서 받는 느낌의 거의 전부였다.

한편, 나에게 대한 그의 태도와 행동은 심히 암시적이었다. 내가 그것을 깨닫게 된 것은 물론 다음과 같은 일이 있은 후로부터였지만.

나오미가 입회한 후 두 번째 연구회에 출석하던 날이었다. 오륙 인되는 회원들이 S의 여공임을 비롯하여 학생, 점원 등 층층을 망라한 관계상 자연 모이는 시간이 엄수되지 못하였고, 또 독일어의 번역과 대조하여 읽고 토의하여 가던 '××××'에 어려운 대문이 많았던 까닭에 분량이 많이 나가지 못하는데다가, 회를 마치고 나면 모두 피곤하여지는 까닭에, 될 수 있는 대로 초저녁에 모여서 밤이 깊기 전에 파하는 것이 일쑤였다. 그날 밤도 일찍이 파하고 S의 집을 나오니 집에의 방향이 같은 관계상 나는 또 나오미와 동행이 되었다.

"어떻소, 우리들의 기분을 대강은 이해할 만하게 되었소?"

회원들 가운데 피를 달리한 사람은 나오미 한 사람뿐이므로 낯익지 않은 그룹 속에 들어와서 거북한 부조화와 고독을 느끼지 않는가를 염려하여 오던 나는 어두운 골목을 걸어나오면서 그의 생각도 들어 보고 또 그를 위로도 할 겸 이런 말을 던졌다.

"이해하고말고요. 그리고 저는 이 분위기를 대단히 좋아해요. 저를 맞아 주는 동무들의 심정도 좋고 선생님께 대하여서는 더구나 친밀한 느낌을 더 많이 품게 되었어요."

"그렇다면 다행이외다. 혈족에 대한 그릇된 편견으로 인하여 잘못을 범하는 예가 아직도 간간이 있으니까요."

"깨달음이 부족한 까닭이겠지요. 어떻든 저는 우리 회합에서 한 점의 거북한 부자유도 느끼지 않아요. 마음이 이렇게 즐겁고 좋아요."

진실로 즐거운 듯이 나오미는 몸을 가늘게 요동하며 목소리를 내서 웃었다.

미묘하게 움직이는 그의 시선을 옆얼굴에 인식하면서 골목을 벗어나오니 네거리에 나섰다.

늘 하는 버릇으로 모퉁이 서점에 들러 신간을 한바퀴 살펴본 후 다시 서점을 나올 그때까지 나오미의 미소는 꺼지지 않았다.

서점 옆 과일점 앞을 지날 때에 나오미는 그 미소를 정면으로 나에게 던지면서 복잡한 표정으로 나를 쳐다보며 제의하였다.

"능금이 먹고 싶어요!"

"능금이?"

의외의 제의인 까닭에 나는 반문하면서 그를 바라보았다.

"신선한 능금 한입 먹었으면!"

나오미는 마치 내 자신이 한 개의 능금인 것같이 과일점의 능금 대신에 나를 똑바로 쳐다보며 바싹 나에게로 붙었다.

나는 은전 몇 닢을 던져 주고 받은 능금 봉지를 나오미에게 쥐어 주었다.

걸으면서 나오미는 밝은 거리를 꺼리는 법 없이 새빨간 능금을 껍질째 버적버적 먹었다.

"대담하군요."

"어때요, 한길에서——능금——프롤레타리아답지 않아요?"

나오미의 하이얀 이빨이 웃음을 띠며 능금 속에 빛났다.

"금욕은 프롤레타리아의 도덕이 아니에요. 솔직한 감정을 정직하게 표현하는 것이 프롤레타리아가 아닐까요?"

그러나 밝은 밤거리에서 아름다운 여자가 능금을 버적버적 먹는 풍경은 프롤레타리아답다느니보다는 차라리 한 폭의 아름다운 '모던' 풍경이었다. 그만큼 아름다운 나오미의 자태에는 프롤레타리아다운 점은 한 점도 없으며, 미래에도 그가 얼마나한 정도의 프롤레타리아 투사가 될까도 자못 의문이었다. 너무도 아름답고 사치하고 '모던'한 나오미였다.

　　"능금 좋아하세요?"

　　"싫어하는 사람이 어디 있겠소."

　　"모두 아담의 아들이요, 이브의 딸들이니까요……. 자, 그럼 한 개 잡수세요."

　　나오미는 여전히 미소하면서 능금 한 개를 나의 손에 쥐어 주었다.

　　"그렇지요, 조상 때부터 좋아하던 능금과 우리는 인연을 끊을 수는 없어요. 능금은 누구나 좋아하던 것이고 또 영원히 좋은 것이겠지요. 공간과 시간을 초월하여 높게 빛나는 능금이지요. 마치 저 하늘의 '오리온'과도 같이 길이길이 빛나는 거예요."

　　"능금의 철학이라고 해도 좋지요……그러니까 프롤레타리아 투사에게라고 결코 능금이 금단의 과일이 아니겠지요. 밥을 먹지 않으면 안 되는 투사가 능금을 먹지 말라는 법이 어디 있어요."

　　나오미의 암시가 나에게는 노골적 고백으로 들렸다. 그러므로 나는 예민하게 나의 방패를 내들지 않을 수 없었다.

　　"그것이 진리임은 사실이나 문제는 가치와 효과에 있을 것이오. 우리에게는 일정한 체계와 절제가 있어야겠지요. 아무리 아름다운 능금이기로 난식을 하여서 도리어 ×××사업에 해를 끼치게 된다면 그것은 값없는 것이 아니겠소?"

2

이런 일이 있은 후로부터는 나는 웬일인지 항상 나오미와 능금을 연상하게 되어서 그를 생각할 때에나 만날 때에는 반드시 먼저 능금의 연상이 머릿속을 스치게 되었다. 그렇게 하여 때로는 그가 마치 능금의 화신같이 생각되는 때도 있었다. 물론 다음과 같은 일이 있은 후로부터는 그런 인상은 더욱 두터워 갔다.

두 주일 가량 후이었을까, 오랫동안 생각 중에 있던 어떤 행동에 있어서의 다른 어떤 회와의 합류 문제가 돌연한 결정을 지었던 까닭에 그 뜻을 회원들에게 급히 알려야 할 필요상 나는 그 보고를 가지고 회원의 집을 일일이 방문하지 않으면 안 되었다. 그 날 저녁때 마지막으로 찾은 것이 나오미였다.

직접 그의 숙소가 아니요 그의 일터인 백화점으로 찾은 까닭에 그 자리에서 장황한 소식도 말할 수 없는 터이므로 진열되어 있는 화장품 사이로 간단한 보고만을 몇 마디 입재게 전하여 줄 따름이었다.

그러나 낯선 손님도 아니요, 그렇다고 동지도 아니요, 마치 정다운 애인을 대하는 듯이 귀여운 미소를 띠며 귀를 바싹 대고 나의 보고를 고요히 듣고 섰던 나오미는, 나의 말이 끝나자 눈짓을 하고 그 자리를 떠나면서 나에게 뒤를 따르기를 청하였다. 영문을 모르는 나는 의아하면서도 시치미를 떼고 뒤를 따라 그와 같이 올라가는 승강기를 탔다.

위층에서 승강기를 버린 나오미는 층층대로 올라가 옥상 정원에까지 나섰을 때에 다시 은근한 한편 구석 철난간으로 나를 인도하였다.

"무슨 일요?"

심상하지 않은 일이 있은 것같이 예측되었기에 그 곳까지 이르자, 나는 조급하게 물었다.

"선생님께 드릴 것이 있어서요."

철난간에 피곤한 몸을 의지하여 흐트러진 머리카락을 쓸어올리는 나오미는 조금도 조급한 기색도 없이 천천히 대답하면서 나를 듬짓이 바라보았다.

"무엇이란 말요?"

"무엇인 듯해요?"

"글쎄……."

그러나 나오미는 거기서 곧 대답은 하지 않고 피곤한 듯한 손짓으로 이지러진 옷자락 모양을 고치면서 탄식하였다.

"하루에 열 시간 이상의 노동을 하려니까 피곤해서 못 배기겠어요."

"그러니까 부르짖게 되지요."

"열 시간 이상 노동 절대 반대……. 그러나 지내 보니까 이 속에는 한 사람도 똑똑한 아이가 없어요. 결국은 이런 곳의 조직의 필요성은 아직 제 시기에 이르지 못한 것 같애요."

"그것은 그렇다고 해 두고 나에게 줄 것이 무엇이란 말요?"

"참, 드릴 것을 드려야지요."

하면서 나오미는 새까만 원피스 주머니 속에 손을 넣었다.

"일전에 제가 선생님께 능금을 받았지요. 그러니까 저도 능금을 드려야지요."

바른손에는 한 개의 새빨간 능금이 들려 있었다.

"능금?"

"왜 실망하세요? 능금같이 귀한 것이 세상에 또 있을까요?"

동의를 구하려는 듯이 나오미는 나를 반듯이 바라보았다.

"저 곳을 내려다보세요. 번잡한 거리에서 헤매이고 꾸물거리는 저 많은 사람들의 찾는 것이 결국 무엇일까요? 한 그릇의 밥과 한 개의 능금이 아닌가요? 번잡한 이 거리의 부감도(조감도)는 아름다운 능금의 탐색도인 것 같애요."

말하면서 거리로 향한 몸을 엇비슷이 틀면서 손에 든 능금을 높이 쳐들었다. 두어 올 흐트러진 머리카락과 옆얼굴의 윤곽과 부드러운 다리와 손에 든 능금에 찬란한 석양이 반사되어 완연 그의 전신에서 황금빛 햇발이 발사되는 듯도 하여 그의 자태는 마치 능금을 든 이브와도 같이 성스럽고 신비로운 그림으로 보였다.

"능금을 받으세요."

원피스를 떨쳐 입은 '모던' 이브는 단 한 개의 능금을 나의 앞에 내밀었다. 그의 자태와 행동에 너무도 현혹하여 묵묵히 서 있으려니 그는 어떻게 생각하였는지 한 개의 능금을 두 손 사이에 넣고 힘을 썼다.

"코카서스 지방에서는 결혼할 때에 한 개의 능금을 두 쪽을 내어서 신랑 신부가 그 자리에서 한 쪽씩 먹는다지요."

하면서 두 쪽으로 낸 능금의 한쪽을 나의 손에 쥐어 주고 나머지 한쪽을 그의 입으로 가져갔다.

철난간에 의지하여 곁눈으로 저물어 가는 거리의 부감도를 내려다보며 한쪽의 능금을 먹는 나오미의 자태는 아까의 성스러운 그림과는 정반대로 속되고 평범한 지상적 풍경으로밖에는 보이지 않았다.

3

"그래, 나오미는 어떻게 생각하오?"

"코론타이 자신 말예요?"

"보다도 왓시릿사에 대해서 말요."

"가지가지의 붉은 사랑을 맺어 가는 왓시릿사의 가슴속에는 물론 든 든한 이지의 조종도 있었겠지만, 보다도 뛰는 피의 감정에 순종함이 더 많았겠지요. 이런 점에 있어서 저도 왓시릿사를 좋아하고 찬미할 수 있어요."

"사업 제1, 연애 제2, 어디까지든지 이 신조를 굽히지 말고 나간 것이 용감하지 않소?"

"그러나 사업 제1이라는 것은 결국 왓시릿사에게는 한 개의 방패와 이유에 지나지 못하는 것이 아닐까요? 한 사람의 사나이로부터 다른 사나이에게 옮아갈 때 거기에는 사업이라는 아름다운 표면의 간판보 다도 먼저 일시적인 좋고 싫다는 감정의 시킴이 있는 것이 아닐까요? 결국 근본에 있어서는 감정 제1 ×××이것예요. 사랑은, 그것이 장난이 아니고 사랑인 이상 도저히 사업을 통하여서만은 들 수 없는 것이요, 무엇보다도 먼저 피차의 시각을 통해서 드는 것이니까요."

"그렇다고 왓시릿사의 행동을 갖다가 곧 감정 제1, 사업 제2로 판단 하는 것은 좀 심하지 않소?"

"그것이 솔직한 판단이지요. 그렇게 판단하지 않고는 왓시릿사의 행 동을 이해하기는 어려울 거예요. 그리고 왓시릿사 자신의 본심으로도 실상은 그런 판단을 받는 것이 본의가 아닐까요? 결국 왓시릿사는 능 금을 대단히 좋아하였고 그 좋아하는 감정을 솔직하게 표현하였다고 할 수 있지요. 다만 그는 약고 영리한 까닭에 그것을 표현함에 사업 이라는 방패를 써서 교묘하게 그 자신을 캄플라지하고 그의 체면을 보존하려고 하였을 뿐이지요."

감격된 구변으로 인하여 상기된 나오미의 얼굴은 책상 위의 촛불을 받아 한층 타는 듯이 보였다. 진한 눈썹 밑에 열정을 그득히 담은 눈동 자는 마치 동물과 같이 교교한 광채를 던지고, 불빛에 물든 머리카락은 그 주위에 열정의 윤곽을 뚜렷이 발산하고 있지 않은가!

"결국 능금이구려."

"그럼은요. 능금이 아니고는 모든 것을 설명할 수 없지요."

"아, 능금……."

나는 내 자신의 의견과 판단도 있었지만, 그것을 장황하게 말하기를 피하고 그 이야기에는 그만 끝을 맺어버리려고 이렇게 짧은 탄식을 하면서 거짓 하품을 하려 할 때에, 문득 나의 팔의 시계가 눈에 띄었다.

"시간이 훨씬 넘었는데 웬일일까?"

"글쎄요, 아마 공장에 무슨 변이 있나 보군요."

"다른 회원들은 웬일일꼬?"

연주회의 시작될 시간이 넘었고 또 그 곳이 S의 방임에 불구하고 회원인 나오미와 나 두 사람이 먼저 와서 기다리고 있는 지도 이미 오래고 코론타이의 화제가 끝났을 그 때까지도 S 자신은 새려(커녕) 다른 회원들의 자태가 아직 한 사람도 안 보임이 이상하여서 나는 궁금한 한편 초조한 마음을 금할 수 없었다.

"공장의 기세가 농후하여졌다더니 기어이 폭발되었나 보군요."

"글쎄, S는 그래서 늦는 것 같은데……."

나는 초조한 한편 또 무료도 하여서 중얼거리며 S가 펴놓고 간 책상 위의 〈로오사〉 전기에 무심코 시선을 던지고 무의미하게 훑어내려갔다.

"능금이라니 말이지 로오사도……."

같이 쓸려 역시 로오사의 전기 위에 시선을 던진 나오미는 이렇게 화제를 돌리며 말을 이었다.

"그가 본국에 돌아올 때에 사업을 위한 정책상 하는 수 없이 기묘한 연극을 하여 뜻에 없는 능금을 딴 일이 있었지만, 그것도 실상은 속의 속을 캐어 보면 전연 뜻에 없는 능금은 아니었겠지요. 적어도 저는 그렇게 생각하고 싶어요."

나오미의 말에 끌려 새삼스럽게 나는 그와 같이 시선을 책상 위편 벽에 걸린 로오사의 초상으로, 전기를 끊기우고 할 수 없이 희미한 촛불 속에 뚜렷이 어린 가난한 방 안과 그 속에서 로오사를 말하고 있는 로오사의 초상으로 무심코 던지지 않을 수 없었다. 그러자 웬일인지 돌연히! 의외에도 로오사의 초상이 우리들의 시선을 거부하는 듯이 걸렸던 그 자리를 떠나서 별안간 책상 위에 떨어졌던 것이다.

순간, 책상 모서리에 부딪친 초상화판의 유리가 바싹 부서지고 같은 순간에 화판 밑에 깔린 촛불이 쓰러지면서 방 안은 어둠 속에 잠겨 버렸다.

"에그머니!"

돌연히 놀란 나오미는 반사적으로 나에게 붙었다.

"그에게 대하여 공연히 불손한 언사를 희롱한 것을 노여워함이 아닌가."

돌연한 변에 뜨끔하여서 이렇게 직각적으로 느끼며 어찌할 바를 몰라 잠시 잠자코 있던 나는, 그러나 더 놀라운 것을 당하였다. 별안간 목덜미의 얼굴 위에 의외의 따뜻하고 부드러운 촉감을 받았던 것이다. 피와 향기가 나의 전신을 후끈하게 둘러쌌다.

다음 순간 목덜미의 부드럽던 촉감은 든든한 압박으로 변하고 얼굴에다 전면 뜨거운 피를 끼얹는 듯한 화끈한 김과 향기가 숨차게 흘러오고……. 입술에는 타는 입술이 와서 맞닿았다.

그리고 물론 동시에 다음과 같은 떨리는 나오미의 애원하는 목소리가 후둑이는 그의 염통의 고동과 함께 구절구절 찢기면서 나의 귀를 스쳤던 것이다.

"안아 주세요! 저를 힘껏 안아 주세요."

공상 구락부

"자네들, 무얼 바라구들 사나."

"살아가자면 한 번쯤은 수도 생기겠지."

"나이 삼십이 되는 오늘까지 속아 오면서 그래두 진저리가 안 나서 그 무엇을 바란단 말인가."

"그 무엇을 바라지 않고야 어떻게 살아간단 말인가. 말하자면 꿈이네. 꿈꿀 힘 없는 사람은 살아갈 힘이 없거든."

"꿈이라는 것이 중세기 적에 소속되는 것이지 오늘에 대체 무슨 꿈이 있단 말인가. 닫다가 몇백만 원의 유산이 굴러온단 말인가. 옛날의 씨자에게같이 때 아닌 절세의 귀부인이 차례질 텐가. 다 옛날 얘기지 오늘엔 벌써 꿈이 말라 버렸어."

"그럼 자넨 왜 살아가나. 무얼 바라구."

"그렇게 물으면 내게두 실상 대답이 없네만. 역시 내일을 바라구 산다고 할 수밖에. 그러나 내 내일은 틀림없는 내일이라네."

"사주쟁이가 그렇게 말하던가. 관상쟁이가 장담하던가."

"솔직하게 말하면——."

"어서 사주쟁이 말이든 무어든 믿겠나. 무얼 믿든 간에 내일을 생각하는 마음이야 일반 아닌가. 결국 그것 없이는 살아갈 수 없는 게니까. 악착한 현실에서 버둥버둥 허덕이지 말구 유유한 마음으로 찬란하게 내일이나 꿈꾸구 지내는 것이 한층 보람 있는 방법이야. 실상이 야 아무렇게 되든 간에 꿈조차 꾸지 말라는 법이야 있겠나."

"그렇구말구. 꿈이나 실컷 꾸면서 지내세그려. 공상이나 실컷 하면서 지내세그려나."

"꿈이다. 공상이다."

이렇게 해서 좌중에 공상이란 말이 시작되었고, 거듭 모이는 동안에 법없이 공상 부락부라는 명칭까지 붙게 되었다.

구락부라고 해야 모이는 집이 따로 있는 것도 아니요, 부원이 많은 것도 아니요, 하는 일이 또렷한 것도 아닌——친한 동무 몇 사람이 닥치는 대로 모여서는 차나 마시고 잡담이나 하고 하는 정도의 것이었다. 다시 말하면 직업 없는 실직자들이 모여서 하는 일 없는 날마다의 무한한 시간과 무료한 여가를 공상과 쓸데없는 농담으로 지우게 된 것에 지나지 않는다. 공상 구락부란 사실 허물없는 이름이었고 대개는 하루의 대부분의 시간을 찻집에 들어가서 식어 가는 커피잔을 앞에 놓고 음악 소리를 들어 가면서 언제까지든지 우두커니들 앉아 있는 꼴들은 좌중의 어느 얼굴을 살펴보아도 사실 부질없는 공상의 안개가 흐릿한 눈동자 안에 서리서리 서리지 않을 때가 없었다. 꿈이란 눈앞에 지천으로 놓인 값없는 선물이어서 각각 얼마든지 그것을 집어먹든 시비하는 사람은 없는 것이다. 그 허름한 양식으로 배를 채우려고 한 잔의 차와 음악을 구해서는 차례차례로 거리의 찻집을 순례하는 것이다. 솔솔 피어오르는 커피의 김을 바라볼 제, 그 김 속에 나타나는 꿈으로 얼굴을 뚜렷이 아름답게 빛내는 것은 유독 총중에서 얼굴이 가장 뛰어나고 문학을 숭상하는 청해 군뿐만 아니었다. 어느 때부터인지 코 아래에 수염을 까무잡잡하게 기르기 시작한 천마 군도 그랬고, 비행사 되기를 원하는 유난히 콧대가 엉크런 백구 군도 그랬고, 총중에서 가장 몸이 유들유들한 운심도 또한 그랬던 것이다. 꿈이라면 남에게 질 것 없다는 듯이 일당백의 의기를 다 각각 가슴속에 간직하고는 의자에 깊숙이 몸을 잠그고 앉아서 음악에 귀를 기울이고 있는 네 사람의 자태를 그 어느 날 그 어느 찻집에서나 발견하지 못하는 때는 없었다.

"남양의 음악을 들으면 난 조그만 섬에 가서 추장 노릇을 하고 싶은 생각이 번쩍 생긴단 말야."

그 추장 노릇의 준비 행동으로 코 아래 수염을 기르는 것일까. 총중에서 누구보다도 가장 추장의 자격이 있다면 있을 천마는 음악에 잠기면서 꿈의 계획을 피력하는 것이다.

"——세상에서 가장 이상적인 부락을 만들겠네. 섬에는 물론 새 문화를 수입해서 각 부문에 전부 근대적 시설을 베풀고, 한편으로는 농업을 힘써서 그 농업 면에도 근대화의 치장을 시키고, 농업면과 공업면이 잘 조화해서 조금도 어긋나고 모순되지 않도록, 즉 부락민은 농사에 종사하면서도 도회 면에서 살 수 있도록——그러구 물론 누구나가 다 일해야 하구 일과 생활이 예술적으로 합치되도록 그렇게 섬을 다스려 보겠네. 노동이 있을 뿐 아니라 예술이 있고 음악이 있고, 음악에 맞춰서 일이 즐겁고 수월하게 되는 부락——그 부락의 추장 노릇을 하고 싶은 것이 평생 원이야."

"그럴 법하긴 하나 원두 자네답게 왜 하필 추장 노릇이란 말인가. 이왕 꿈이구 공상이라면 좀더 사치하고 시원스런 것이 없나. 공중을 훨훨 날아 본다든지 하는 비행가 되기가 내겐 천생 원인 듯하네. 꿈이 아니라 가장 가능한 일인 것을 시기를 놓쳐 버리고 나니 별수없이 되구 말았으나."

백구는 천마를 핀잔주듯이 말하면서 은연중에 자기의 공상을 늘어놓는 셈이다.

"추장이니 비행가니 공상들두 왜 그리 어린애다운가. 어른은 어른답게 어른의 공상을 해야 하잖나."

청해의 차례이다. 다른 동무들과 달라 그다지 부자유롭지 않은 처지에서 반드시 취직 걱정도 할 것 없이 안온하게 지내 가는 그가 문학서를 많이 읽고 생활의 기쁨이라는 것을 유달리 느껴 오는 탓일까. 그렇지 않으면 남보다 뛰어난 얼굴값을 하자는 수작일까. 하필 하는 소리가,

"두고 보지, 내 이십 세기의 클레오파트라를 찾아내지 않고 두는가. 세기의 미인, 만대의 절색——그 한 사람을 위해서는 천릿길을 걸어도 좋고 만릿길을 걸어도 좋은——그의 분부라면 그 당장에서 이 내 목숨 하나 바쳐도 좋은——그런 절색, 내 언제나 구해 내구야 말걸. 이 목숨이 진할 때까지라도."

하는 것이다.

"찾아내선 어쩌잔 말인가. 지금 왜 절색이 없어서 걱정인가. 헐리우드만 가 보게. 클레오파트라 아니라 그 이상 몇몇 곱절의 이십 세기의 일색들이 어항 속의 금붕어 새끼들같이 시글시글 끓을 테니. 가르보나 서러는 왜 클레오파트라만 못하단 말인가. 디트리히나 콜베엘두 몇대 만에 태어나는 인물이겠구, 아이린 단이나 로저스두 천 사람 만 사람 가운데의 한 사람인 인물이네. 요새 유명한 다니엘 다류는 어떤가. 미인이 아니래서 한인가. 미인이 없는 것이 아니라 자네 차례에 안 가서 걱정이라네. 이 철딱서니 없는 동양의 돈환 같으니."

천마의 핀잔에 청해는 가만있지 않는다.

"다류나 로저스를 누가 미인이래서. 그까짓 헐리우드의 여배우라면 자네같이 사족을 못 쓰는 줄 아나. 이 통속적인 친구 같으니. 참된 미인은 스크린 위에 있는 것이 아니라 더 다른 숨은 곳에 있는 것이라네."

"황당하게 꿈 속의 미인만을 찾지 말구 가까이 눈앞에서부터——자

네 대체 미모사의 민자는 그만하면 벌써 후리게 됐나 어쨌나. 민자쯤을 하나 후리지 못하는 주제에 부질없이 미인 타령은 무어야."

운심의 공격에 청해는 얼굴을 붉히면서 할 말을 모르는 것을 보면 미모사의 민자는 아직 엄두도 못 낸 눈치였다.

"어서 나와 같이 세계 일주 계획이나 하게. 이것이야말로 공상이 아니라 계획이네. 세계를 일주해 봐야 자네의 원인 절색두 찾아낼 수 있지, 찻집 이 한구석에 가만히 앉아서야 이십 세기의 일색을 외친들 닳다가 코앞에 굴러떨어지겠나. 내 뜻을 이루게 되면 그까짓 세계 일주쯤이 무엇이겠나. 자네두 그 때엔 한몫 끼어 주리. 자네 비위에 맞는 미인을 얼마든지 구할 수 있도록. 자네뿐이겠나 천마 군의 추장의 꿈도, 백구 군의 비행가의 공상두 그 때엔 다 실현하게 되리. 내 성공하는 날들만을 빌구 기다리구들 있지."

운심의 뜻이니 성공이니 하는 것은 그가 오래전부터 꿈꾸고 생각해 오던 광산의 일건이었다. 고향이 충청도인 그는 특수광 지대인 고향 일대에 남달리 항상 착안해서 엉뚱하게도 광맥에 대한 욕망을 품고 있어 온 지 오래였다. 물론 당초부터 광산을 공부한 것도 아니요, 전문적 지식을 갖추고 있는 것도 아니요, 다만 만연히 상식적으로 언제부터인지 그런 야심을 가지게 되었던 것이다. 서울에서 공부를 마치고는 그대로 눌러서 날을 지우게 된 그로서 공상 구락부에서 꾸는 그의 꿈은 언제나 광산에 대한 애착이요, 공상이었다.

그러나 세상에 기적이라는 것이 있듯이 공상도 간간이 가다가 공상의 굴레를 벗어나서 실현의 실마리를 찾는 것인 듯하다. 아마도 사람에게 공상이라는 것을 준 조물주의 농간이라면 농간이 아닐까. 운심은 다행일지 불행일지 그 조물주의 농간을 입어 그의 공상의 현실과의 접촉점을 우연히도 찾게 되었던 것이다. 이 때부터 그의 공상은 참으로 공상 아닌 현실을 띠고 나타나게 되었고, 그뿐 아니라 동무인 세 사람에게도 그것이 영향이 되어 그들은 벌써 공상만이 아니라 공상을 넘어서의 찬란한 계획을 차차로 생각하게 되었던 것이다. 신기한 일이었다.

고향을 다녀온 운심의 손에 이상한 것이 들려 있었다. 알고 보면 그 일 때문에 일부러 시골에 있는 동무에게서 편지를 받고 내려갔던 것이나 근처 산에서 희귀한 광석을 주워 가지고 온 것이다. 여전히 공상의 안개가 솔솔 피어오르는 찻집 좌석에서 운심은 주머니 속 봉투에서 집어낸 그 광석을 내보이면서 설명하는 것이었다.

"돌멩이 속 틈틈에 거무스름한 납덩어리가 보이잖나. 손톱자리가 쑥쑥 들어가는 것이 휘수연이라는 것이네. 모립덴(몰리브덴)이라구 해서 경금속으로 요새 광물계에서 떠들썩하는 것인데, 가볍기 때문에 비행기 제조에 쓰이게 되어 군수품으로 들어가거든. 시세가 버쩍 올라 한 돈의 시가가 육천 원을 넘는다네. 광석채로 판다구 해두 퍼센티지에 따라 팔수록 그만큼의 이익은 솟을 것이네. 고향에서 한 삼십 리 들어간 산 속에서 발견한 것인데, 늘 유의하고 있던 동무가 내게 알려 준 것이네. 한 가지 천운으로 생각되는 것은 실상은 들어본즉 애초에 어떤 사람이 그 산을 발견해 가지고 일을 시작했다가 성적이 좋지 못하다고 단념하구 산을 버렸다는 것인데, 아마도 그 사람은 휘수연의 광산이라는 것을 몰랐던 모양이구, 알았어두 그 때엔 시세도 없었던 모양이네. 버린 것을 줍지 말라는 법이 있겠나. 별반 수고도 하지 않고 남이 발견한 것을 차지한 셈인데 꼭 맞출 듯한 예감이 솟네. 희생을 당하더래두, 집안을 훌두드려 파는 한이 있더래두 이 산만은 꼭 손을 대 보구야 말겠네. 공상 구락부의 명예에 걸어서래두 성공해 보겠네. 맞춰만 보게. 자네들 꿈은 하루아침에 다 이루게 될 테니."

좌중은 멍하니들 앉아서 찬란한 그의 이야기에 혼들을 뽑히고 있었다. 금시에 천지가 바뀌고 해가 서쪽에서 뜨게 된 듯도 한 현혹한 생각들을 금할 수 없었고, 운심이란 위인을 늘 보던 한 사람의 평범한 동무를 새삼스럽게 신기한 것으로들 바라보는 것이었다. 오돌진 그의 육체 속에 그런 화려한 복이 숨어 있었던가 하고 눈이 부실 지경이었다.

그렇게 되고 보니 운심은 제법 틀이 생기고, 태도조차 의젓해져서 거리를 분주하게 휘돌아치는 꼴조차 그 어디인지 유유한 데가 보였다. 우선 사사로운 몇 군데 광무소를 찾아 감정을 해 보고 마지막으로 식산국 선광 연구소에서 결정적 판단을 얻기가 바쁘게 지도와 인지를 붙여서 그 자리로 출원해 버렸다. 당분간 시굴을 해 볼 필요조차 없이 곧 본격적으로 채굴을 시작하려고 즉일로 고향에를 내려갔다. 땅마지기나 좋이 팔아서 천 원 돈을 만들자마자 부랴부랴 올라와서 속허원을 내서 광업권 설정을 하고 1년분 광구세까지 타산해 놓고 앞으로 일주일이면 당장에 일을 시작하게까지 재빠르게 서둘러 놓았던 것이다.

동무들은 그의 활동력에 놀라면서 그가 다시 고향으로 떠나려는 전날 밤 송별연을 겸해 모였을 때에 그의 초인적 활동을 칭찬하고 성공을 빌면서 새로운 인격의 탄생인 듯이도 그를 찬양하였던 것이다. 지금까지의 공상들이 더한층 현실성과 생색을 띠고 아름답게 빛났던 것은 물론이다. 백구는 그 자리에서 금시 한 사람의 비행가나 된 듯 비행기의 설화를 시작하는 것이다.

"속력이 무척 빠르고 원거리로 날 수 있는 것은 물론 군용기에 지나는 것이 없으나, 민간에서 쓸 수 있는 특수기라면 영국의 드하빌랜드 코메트 장거리 비행기 같은 것이 가장 튼튼한 것인데 사백사십팔 마력, 최고 속도 한 시간에 삼백칠십육 킬로──이만하면 세계 일주두 편히 되지. 이런 장거리라 비행기가 아니라면 차라리 조그만 걸 가지구 가까운 곳에서 장난하기 좋은데 가령 불란서서 시작한 부우 드쉘이란 것이 있지 않은가. 그것도 속력이 한 시간에 백 킬로는 되거든."

"염려할 것이 있나, 무엇이든지 뜻대로지."

운심이 얼근한 김에 술잔을 들고는 동무를 응원하는 것이다.

"세계 일주를 하거든 맞서세나그려. 자네는 비행기로, 난 배로. 비행기로 일주일 동안에 세계를 일주한 기록이 천구백삼십삼년에 서지 않았나 왜. 그러나 난 그런 급스런 일주는 뜻이 적은 것이라구 생각하네. 불란서 어떤 시인은 팔십 일 동안에 세계를 유람했구, 세계 일주 관광선이란 것두 넉 달 만에 한 바퀴 유람들을 하구 하지만, 그런 것은 재미가 덜할 것 같아. 이상적 세계 일주로는 역시 그 시조인 십육 세기 마젤란의 격식이 옳을 듯하네. 삼 년 동안이 걸리지 않았나. 그는 고생하느라고 삼 년이나 지웠지만 나는 그 삼 년 동안을 각지에서 적당히 살면서 다니자는 것이네. 시절을 가려 적당한 곳을 골라서는 몇 달씩 혹은 한철을 거기서 살고는 다음 목적지로 향하는 것이네. 그렇게 각지의 인정 풍속과 충분히 사귀고 생활을 즐기면서 다니는 곳에 참된 유람의 뜻이 있지 않나 하네. 가령 봄 한철은 파리에서 지내고 여름은 생모리츠에서 지내고 가을은 티를에서, 겨울은 하와이에서 다시 부에노스아이레스에서 다음에 서전(스웨덴)에서——이렇게 해서 세계를 모조리 맛보자는 것이네."

"그 길에 제발 나두 동행하세나. 이십 세기의 절색을 찬찬히 구해 보게."

청해의 농담도 벌써 농담만은 아닌 듯 또렷한 환영이 눈앞에 보여와서 그는 눈동자를 빛내면서 술잔을 거듭 들었다.

"어떻든 내 자네들 구세주 되리, 공상 구락부의 명예를 위해서래두. 그것이 동무의 보람이란 것이 아닌가."

운심은 어느덧 곤드레만드레 취해서 나중에는 혀조차 꼬부라지는 판이었으나 그래도 이튿날에는 말끔한 정신과 개운한 몸으로 동무들의 전송을 받으면서 늠름하게 출발의 첫걸음을 떼어 놓았다. 고향에서 내리기가 바쁘게 사람들을 모아 일을 시작하고 있다는 소식을 며칠 안 가 동무들은 듣게 되었다.

운심이 시골로 간 후 그에게서 소식은 자주 듣는다고 해도 아무래도 무료한 마음들을 금할 수 없었고 공상의 불꽃도 전과 같이 활활 붙지를 못했다. 세 사람이 찻집에 모여들 보아도 좌중의 공기가 운심이 있을 때같이 활발하지 못했고, 생활의 경우가 갈린 이상 마음들도 서로 떨어지는 것 같아서 서먹서먹한 속에서 공상 구락부의 명칭조차 그림자가 엷어 가는 듯한 기색이었다. 그러는 중에 생긴 한 가지의 큰 변동은 천마와 백구가 뒤를 이어 차례차례로 직업을 얻게 된 것이었다. 물론 닫다가 돌연히 된 것이 아니라 어차피 무엇이든지 일을 가져야 하겠기에 두 사람 다 은연중에 자리를 구해는 오던 중이었다. 그것이 공교롭게도 바로 이 때 두 사람이 전후해서 천마는 신문사에, 백구는 회사에 각각 자리를 얻게 되었던 것이었다. 근무 시간을 가진 두 사람은 낮 동안 온전히 매어 지내는 속에서 자유로이 시간을 가지지 못하고 밤에 들어서야 겨우 박쥐같이 거리로 활개를 펴고 날았으나, 피곤한 몸과 마음에 꿈을 꾸고 공상을 먹을 여가조차 줄어 갔던 것이다. 결국 세 사람을 잃은 청해 혼자만이 자유로운 몸으로 허구한 날 미모사에 나타나 민자를 노리면서 날을 지우게 되었다. 공상 구락부란 대체 그만 없어지고 만 것일까 하는 생각은 세 사람의 가슴속에다 각각 문득 솟는 때가 있었다.

하루는 청해가 역시 미모사에서 차 한 잔을 앞에 놓고 우두커니 앉아 있으려니 별안간 눈앞에 나타난 것이 의외에도 운심이었다. 놀라서 멍하니 바라보고 있는 동안에 운심은, 막 시골에서 올라오는 길이네, 하고 앞자리에 털썩 주저앉는다. 사실 광산에서 그대로 빠져나온 듯이도 촌스러운 허름한 차림이었다.

"자네 내 주머니 속에 지금 돈이 얼마나 들었는지 짐작하겠나."

운심은 빙그레 웃으면서 두두룩한 가슴을 두드려 보았다. 물론 속주머니에 가득 찬 것이 돈이라는 뜻임이 확실하였다.

"이럴 것이 없네. 남은 동무들을 속히 모으게. 취직을 했다는 소리는 들었네만 오래간만에 얘기두 많어."

그날 밤으로 천마와 백구를 불러 네 사람이 오래간만에 한자리에 모여 편편하게 가슴을 헤치게 되었다.

"난 지금 운명의 희롱을 받고 있다고밖엔 생각할 수 없네. 일이라구 시작은 했으나 이렇게 잘 필 줄은 몰랐구, 너무도 어이가 없어 세상에 이런 수두 있나, 이것이 정말일까, 하는 생각이 하루에도 몇 차례씩 드네. 파기 시작한 지 얼마 안 돼서 소위 부광대(광맥이 풍부한 지대)를 만났는데 하루에도 몇 톤씩 나오데나그래. 사람을 조롱하는 셈인지 어쩌는 셈인지 조물주의 조화를 알 수나 있겠나. 한편 즉시 시장으로 보내군 하는데 벌써 돈 만 원의 거래는 됐단 말이네. 난 지금 꿈을 꾸고 있는 셈이지 결코 현실 속에 살고 있는 것 같지는 않아. 이렇게 된 바에야 더욱 전력을 들일 수밖에 없는데 번 돈 전부를 넣어서 우선 완전한 기계 장치를 꾸미려고 하네. 이번엔 그 거래 겸 자네들과 놀 겸 해서 온 것이네만."

당사자인 운심 자신이 놀라는 판에 동무들이 안 놀랄 수는 없었다. 식탁 위 진미보다도, 술보다도, 눈앞의 명기들보다도 그들은 더 많이 운심의 이야기에 정신을 빼앗긴 것은 사실이었다.

"우리들의 공상도 이제는 정말 실현할 날이 얼마 남지 않았네. 일이 되기 전에는 세계 일주니 비행기니 하는 공상이 아무래도 어처구니없는 잠꼬대같이 들리더니, 지금 와서는 차차 현실성을 띠어 가는 그 모양이 또 어처구니없게 생각된단 말이네. 세상에 사람의 일같이 알 수 없는 것이 있겠나. 땅 속의 조화와 같이 사람의 일이란 참으로 알 수 없는 신비야."

"공상 공상 하고 헛소리루 시작된 것이지 사실 누가 이렇게 될 줄야 알았겠나. 지금 세상 그 어느 다른 구석에 이런 일이 또 한 가지 있으 리라고는 도저히 생각할 수도 없네."

"제발 이 일이 마지막까지 참말 되어 주기를——운심은 최후까지 성 공하기를 동무들의 이름을 모아서 충심으로 비는 바이네."

모두들 다른 마음으로 동무를 찬미하고 술을 마시고 밤이 늦도록 기 쁨을 다할 수는 없었다. 넘치는 기쁨은 마치 식탁 위에 빌 새가 없는 술 과 같이도 무진장이었다. 잔치는 하룻밤에 그치는 것이 아니었다. 이틀 이 계속되고 사흘로 뻗쳤다. 운심이 모든 준비를 갖추어 가지고 다시 고향인 일터로 떠났을 때에야 동무들은 비로소 마음을 가라앉히고 공상 의 고삐를 조이고 각각 맡은 직업으로 나가게 되었다. 공상이 실현될 때는 실현되더라도 그 때까지는 역시 사소한 맡은 일에 마음을 바침이 사람의 직분인 듯도 하다. 물론 직업이 없는 청해는 역시 자기의 맡은 일——미모사에 나가 다시 민자를 바라보게 되었던 것은 말할 것도 없 다.

그러나 세상에 기적이라는 것이 간간이 가다가 생길 수 있는 것이라 면, 나타났던 기적이 꺼지는 법도 있을 수 있는 것이 아닐까. 운심은 이 번의 자기의 성공을 설명하기 어려워서 사람의 일이란 알 수 없는 신비 라고 탄식했고, 자기의 경우를 운명의 희롱이나 아닌가 하고 의심도 했 다. 그러나 그 의심과 탄식도 결국은 시간이 해결해 주는 것일 것이며 그마따나 조물주의 농간에 맡기고 기다리는 수밖에는 없는 것이다.

참으로 사람의 일이 알 수 없는 것임은 두 번째 나타난 운심의 자태를 보지 않고는 모를 일이었다. 운심이 내려간 지 달포나 되었을 때였다. 청해가 여전히 미모사에서 건들거리고 있을 때 오후는 되어서 그의 앞에 두 번째 나타난 것이 운심임을 보고 청해는 놀라서 첫 번의 때와 똑같이 멍하니 앉아 있었다. 그 때의 청해의 한 가지의 변화라면 전번과는 달리 달포 동안 진을 치고 있는 동안에 완전히 민자를 함락시켜 그를 수중에 넣고 뜻대로 휘이게 되었던 것이다. 때마침 민자와 마주앉아 단 이야기에 잠겨 있던 판이다. 닫다가의 동무의 출현에 사실 뜨끔하고 놀랐던 것이다.

"자넨 항상 기적같이 아무 예고도 없이 불쑥불쑥 나타나네그려. 이번엔 또 무슨 재주를 피우려나."

전번과 똑같은, 마치 산 속에서 그대로 뛰어나온 길인 듯한 허름한 차림임을 보고 청해는 농담을 계속했다.

"자네 내 주머니 속에 지금 돈이 얼마나 들었는지 짐작하겠나——하고 왜 얼른 묻지 않나. 그 두두룩한 속주머니 속이 이번에두 지전으로 그득 찼겠지. 자넨 아무리 생각해두 보통 사람은 아니야. 초인이야. 영웅이야.——아니, 수수께끼고 신비야."

그러나 운심은 첫번 때와 같이 빙그레 웃지도 않으면서 동하지 않는 엄숙한 표정을 지닌 채 분부하는 듯 짧게 외쳤을 뿐이었다.

"동무들을 속히 모아 주게."

한참이나 동안을 떼었다가 조건까지를 첨부했다.

"요전같이 굉장한 데를 고르지 말구 될 수 있는 대로 간단하구 조촐한 좌석을 잡아 두게."

그날 밤 네 사람이 한자리에 모여 앉았을 때에도 물론 전번과 같이 좌중의 공기가 유쾌하지도 즐겁지도 않고 알 수 없이 무겁고 서먹서먹

한 것이었다. 물론 운심의 입이 천근같이 무거웠던 것이요, 그의 입이 떨어지기 전에는 아무도 감히 입을 열 수 없었던 까닭이다. 마치 제사의 단 앞에나 임한 듯 운심은 음식상을 앞에 놓고 간신히 무거운 입을 열었다.

"난 지금 운명의 희롱을 받고 있다구밖엔 생각할 수 없네."

별것 아닌 첫 좌석에서 말한 그 한 마디언만 그의 심상치 않은 태도에 긴장하고 있던 동무들은 그 말 속에서 첫번에 들었던 것과는 다른 뜻을 민첩하게 직각할 수 있었던 것이다.

"자네들의 공상의 책임을 졌던 나는 지금 말할 수 없는 괴롬과 두려움을 느끼고 있는 중이네. 내 운명이라는 것이 이제야말로 참으로 얼마나 무서운 것인가를 느끼게 됐네."

숨들을 죽이고 잠자코만 있는 동무들은 별수없이 그들의 예감이 적중된 셈이어서 더 듣지 않아도 결과를 넉넉히 짐작할 수 있었다. 운심의 그 이상의 말은 다만 자세한 설명으로밖에는 들리지 않았다.

"사람의 일이라는 것이 아무리 생각해두 그렇게 만만하게 잘 될리는 만무한 것이야. 그것을 똑똑히 알게 됐네. 소위 부광대라는 것도 그다지 큰 것이 못 돼서 일을 시작하자마자 얼마 안 돼서 벌써 광맥이 끊어져 버린 것이네. 원래 휘수연의 광맥은 단층이 져서 어려운 것이라군 하는데, 광맥이 끊어진 위와 아래를 아무리 파가두 줄기를 찾을 수 없네그려. 아마도 지각의 변동이 몹시 심했던 것인 듯해서 기술자를 들여 아무리 살펴보아두 광맥의 단층이 정단층인지 역단층인지 수직단층인지조차도 알 수 없단 말야. 괜히 헛땅만을 파면서 하루에 기계와 인부의 비용이 얼마나 드는 줄 아나. 기계 장치니 뭐니 해서 거의 수만 원이나 들여 놓고 이 지경을 만났으니 일을 중단할 수두 없는 처지요, 그렇다구 막대한 비용을 들여 가면서 헛일을 계속할 수두 없는 것이구, 첫째 벌써 그런 비용을 돌려 낼 구멍조차 없어져 버렸네. 어쨌으면 좋을는지 밤에 잠 한잠 이룰 수 있겠나. 물론 하소연할 곳조차 없는 것이구, 이렇게 이런 좌석에서 자네들에게 얘기하는 것이 처음이네. 별수없어 운명의 희롱을 받은 셈이지 다른 것 아니야."

긴 설명을 듣고도 동무들은 닫다가 대답할 바를 몰랐다. 자기일들만 같이 실망과 놀람이 너무도 커서, 탄식했으면 좋을는지 동무를 위로했으면 좋을는지 격려했으면 좋을는지 금시에는 정리할 수 없는 얼뺑뺑한 심정이었다.

"사람의 일이란 알 수 없는 것이야. 당초에 그런 산을 발견할 줄도 모른 것이요, 발견하자마자 옳게 맞출 줄도 몰랐네. 그러던 것이 오늘 닫다가 맥이 끊어질 줄도 누가 알았겠나. 모두가 땅 속의 조화같이두 알 수 없는 것이야. 혹 앞으로 일을 계속하다가 다시 또 풍성한 광맥을 찾을는지도 모를 일이지만, 아무리 애써 봐두 벌써 일을 더 계속할 처지는 못 되는 것이네. 불가불 내일부터래두 모든 것을 던져 버려야 하는데.──지금의 마음을 도저히 걷잡을 수는 없어."

"자네 일은 말할 수 없이 섭섭하고 가여운 것이어서 어떻다 위로할 수도 없으나──지금까지의 호의가 마음속에 배어서 고맙기 한량없네."

동무를 위로하는 천마의 가장껏의 말이 이것이었다.

"공상이란 물거품과도 같이 부서지기 쉬운 것! 사람의 힘으로는 어찌 눈에 안 보이는 일을 헤아릴 수 있겠나. 부서지는 공상, 깨지는 꿈── 난 웬일인지 이 자리에서 엉엉 울고 싶네. 자네 자태가 너무도 안타깝게 보여서."

사실 백구의 표정은 금시 그 자리에서 울 것도 같은 기색이었다. 기생의 자태가 그의 옆에 없었던들 탓할 것 없이 목소리를 놓았을는지도 모른다.

"민자를 후리기를 잘했지. 어차피 미인 탐구의 세계 일주의 길을 못 떠나게 될 바에는……."

애수의 장면을 건지려는 듯이 청해는 모든 것을 농담으로 돌렸으나 그러나 그의 마음속도 따져 보면 쓸쓸하지 않은 것이 아니었다.

"어떻든 오늘 밤 모임이 공상 구락부로서는 최후의 모임 같은 느낌이 자꾸만 드네. 화려한 꿈이 여지없이 부서져 버린 것이네."

운심의 그 한 마디부터가 마지막 한 마디인 듯한 생각이 나면서 비장한 최후의 만찬을 대하고 있는 듯도 한 감상이 동무들의 가슴속을 흐리게 해서 모처럼의 별미의 식탁도 그 날 밤만은 흥이 없고 쓸쓸하였다.

그날 밤의 그 쓸쓸한 기억을 남겨 놓고 운심은 다음 날 또다시 구름같이 사라져 버렸다. 고향으로 간 것은 틀림없는 것이나 사업을 계속하는지 어쩌는지는 물론 알 바도 없었다. 구만 리의 푸른 창공으로 찬란한 생각을 보내며 아름답게 피어오르는 구름을 잠깐 동안 잡았던 동무들은 순식간에 그 구름을 놓치고 한량없이 빈 허공을 바라보는 격이 되었다. 천마는 분주한 편집실 책상 앞에 앉았다가는 그 어떤 서슬에 문득 운심을 생각하고는, 사라진 추장의 옛 꿈을 번개같이 추억하다가는 별안간 책상 위에 요란히 울리는 전화의 벨 소리로 인해 꿈에서 놀라 깨어 가는 것이었고, 백구 또한 무료한 회사의 책상 앞에 우두커니 앉아서는 까마득하게 사라진 비행기의 꿈을 황소같이 입 안에 되씹고 곱씹고 하는 것이었다. 청해 역시 잡았던 등불이나 잃어버린 듯 집에서 책을 읽는 때에나 미모사에서 차를 마실 때에나 운심을 생각하고는 풀이 없어지며 인생의 적막을 느끼곤 했다. 혹 가다가 토요일 밤 같은 때 세 사람이 찻집에서 만나게 되어도 그들은 생각과 일에 지쳐서 벌써 전과 같이 아름다운 공상의 잡담을 건네는 법도 없이 우울한 표정으로 찻집을 바라보면서 마음속으로는 인생의 답답함을 탄식하고 원망하였다.

"운심이 요새 어떻게 하구 지낼까."

"뉘 알겠나. 그렇게 되면 벌써 사람 일이 아니구 하늘 일에 속하는 것을. 하늘 일을 뉘 알겠나."

"우리 맘이 이럴 제야 운심의 심중은 어떻겠나. 꿈이라는 것이 구름같이 항상 나타났다가는 꺼져 버리는 것이기에 한층 아름다운 것이긴 하나, 운심의 경우만은 너무도 그것이 어처구니없구 짧았단 말이네."

"꿈이라는 것이 원래 사람을 실망시키기 위해서 장만된 것이 아닐까. 우리가 조물주의 뜻을 일일이 다 안다면야 웬 살 재미가 있구 꿈이 마련됐겠나."

쓸데없는 회화로 각각 답답한 심경을 말하고 그 무슨 목표를 잡으려고들 애쓰는 그들이었으나, 날이 지나고 달이 지나도 종시 이렇다 하는 생활의 표지를 찾을 수는 없었던 것이다. 다만 나날의 판에 박은 듯도 한 일정한 생활의 범위와 지리한 되풀이가 있을 뿐이었다. 그러는 중에서도 은연중에 운심의 뒷일을 궁금히 여기는 그들에게 하루는 우연히도 한 장의 소식이 날아들었다.

뜻밖에 운심에게서 오는 한 장의 엽서를 받고 청해는 사연을 전할 겸 천마와 백구를 찾았던 것이다. 물론 기쁜 편지가 아니었고 궁금히 여기는 그의 곡절을 결정적으로 알렸을 뿐이었다. 내용은 간단했다.

'일을 더 계속해 보았으나 이제는 완전히 실패임을 알고 모든 것을 던져 버렸네. 그 동안의 손해로 해서 얻은 것을 다 넣었을 뿐 아니라 도리어 수만금의 빚으로 지금엔 벌써 몸조차 돌리지 못하게 되었네. 이 자리로 세상을 하직하고 죽어야 옳을지, 살아야 옳을지, 지금 기로에 헤매고 있네. 수척한 내 꼴을 보면 모두들 놀라리. 아무래도 일을 다시 계속해 볼 계책은 서지 않네. 두 번째의 기적이 일어나기를 또 누가 바라겠나. 잘들 있게. 다시 못 만나게 될지 혹은 만나게 될지 지

금 헤아릴 수 없네——.'

세 사람이 엽서를 낭독하고는 그채 묵묵하니 말들이 없었다. 결국 기다리던 마지막 소식이 왔구나, 세상이 끝났구나, 하는 생각이 각 사람의 가슴속에 서리어 있을 뿐이었다. 가엾구나, 측은하구나, 하는 감상의 여유조차 없는 그 이전의 절박한 심경이었다.

"운심은 죽을까 살까."

이어서 일어나는 감정이 이것이었다. 이 크고 엄숙한 예측 앞에서 동무들은 한 결심을 하지 않으면 안 되었다.

"죽어서는 안 돼. 전보래두 치세나."

세 사람은 허겁지겁 각각 전보도 치고 편지도 쓰고 하면서 그 절박한 순간에 있어서 문득, 운심은 죽을 위인이 아니야, 두고 보지, 반드시 또 한 번 일어나서 그 광산으로 성공하지 않는가. 편지 속에도 그것이 약간 암시되어 있지 않는가. 두 번째 기적을 또 누가 바라겠나, 한 속에 은근히 기적을 바라는 심정이 나타난 것이며, 만나게 되는지 못 만나게 되는지, 한 속에도 역시 만나게 될 희망이 은연중에 번역되어 있지 않은가. 운심은 죽을 위인이 아니야. 보통 사람 아닌 초인적인 성격이 반드시 그의 핏속에 맥치고 있어——하는 생각이 들면서 얼마간 기운들을 회복하고 마음을 놓게 된 것이었다.

"운심은 사네. 다시 광산을 시작해서 이번에야말로 크게 성공해서——우리들의 공상도 다시 소생돼서 실현될 날이 반드시 있으리."

절박한 속에서의 이 한줄기의 광명을 얻어 가지고는 세 사람은 그 자리에서 희망을 회복하고 그 한줄기를 더듬어서 지난 꿈의 실마리를 다시 풀기 시작하면서 운심의 뒷일을 한결같이 빌고 축복하는 것이었다. 흐렸던 세 사람의 얼굴에 평화로운 기색이 내돌며 거리를 걸어가는 그들의 발자취 또한 개운한 것이었다.

사 냥

연해 두어 번 총소리가 산 속에 울렸다. 몰이꾼의 행렬은 산등을 넘고 골짜기를 향하여 차차 옴츠러들었다. 발 밑에 요란히 울리는 떡갈잎 가랑잎의 어지러운 소리에 산을 싸고 도는 동무들의 고함도 귀 밖에 멀다. 상기된 눈앞에 민출한 자작나무의 허리가 유난스럽게도 희끔희끔 어린다.

수백 명 학생이 외줄로 늘어서 멀리 산을 둘러싸고 골짜기로 노루를 모조리 내려모는 것이다. 골짜기 어귀에는 5, 6명의 포수가 등대하고 섰다. 노루를 빼울 위험은 포수 편에보다도 늘 포위선에 있다. 시끄러운 책임을 모면하기 위하여 몰이꾼들은 빽빽한 주의와 담력으로 포위선을 한결같이 경계하여야 된다. 적어도 눈앞에서 짐승을 놓쳐서는 안 되는 것이다.

"학년 사이에 연락을 긴밀히! ×학년 우익 급속 전진!"

전령이 차례차례로 흘러온다.

일제히 내닫느라고 산이 가랑잎 소리에 묻혀 버렸다. 낙엽 속은 걷기 힘들다. 숨들이 막힌다.

학년의 앞장을 선 학보도 양쪽 동무와의 간격을 단단히 단속하면서 헐레벌떡거린다. 참나무 회초리가 사정없이 손등과 낯짝을 갈긴다. 발이 낙엽 속에 빠진다. 홧김에 손에 든 몽둥이로 나뭇가지를 후려치기도 멋없다.

"미친 짓이다. 노루는 잡아 무엇 한담."

아까부터——실상은 처음부터 이런 생각이 마음속에 뱅 도는 것이었다. 노루잡이가 그다지 교육의 훈련이 될 듯도 싶지 않으며 쓸모없는 애매한 짐승을 일없이 잡음이 도무지 뜻없는 일 같다. 소풍이면 소풍, 거저 하루를 산 속에서 뛰고 노는 편이 더 즐겁지 않은가.

"인간이란 제 생각밖에는 못하는 잔인한 동물이다. 노루잡이는 무의 미한 연중 행사이다."

기어이 입 밖에 내서까지 중얼거리게 되었다. 땀이 내배어 등어리가 끈끈하다.

별안간 포위선의 열이 어지럽게 움직이더니 몽둥이가 날며 날쌔게들 뛰어든다. 고함 소리가 산을 흔든다.

"노루 노루 노루!"

"우익 주의!"

개암나무 숲에 가리어 노루의 꼴조차 못 보고 어안이 벙벙하여 있는 서슬에 송아지만한 노루는 별안간 학보의 곁을 쏜살같이 지나 포위선을 뚫었다. 학보는 거의 반사적으로 몽둥이를 휘두르며 좇았으나 민첩한 짐승은 순식간에 산등을 넘어 버렸다.

"또 한 마리. 놓치지 마라!"

고함과 함께 둘쨋마리가 어느 결엔지 성큼성큼 뛰어오다 겨르고 있는 학보의 자세를 보더니 옆으로 빗뛰어가, 이 역 약빠르게 뒷산으로 달아 나 버렸다.

껑충한 귀여운 짐승——극히 짧은 찰나의 생각이나 학보는 문득 놓친 것이 아까웠다. 동시에 겸연쩍고 부끄러운 느낌이 났다. 조롱하는 동무 들의 말소리가 얼굴을 달게 하였다.

"바보, 노루 두 마리 찾아내라."

요행히 잡은 것은 있었다. 망아지만한 한 마리가 배에 탄자를 맞고 쓰러져 있다. 쏜 포수는 쏠 때의 형편을 거듭 말하며 은근히 오늘의 수완을 자랑하는 눈치였다. 다른 포수들은 잠자코만 있었다. 소득이 있으므로 동무들의 문책은 덜해졌으나 학보는 검붉은 피를 흘리고 쓰러진 가여운 짐승을 볼 때 문득 반항심이 솟아오르며, 소득을 기뻐하는 몹쓸 무리가 한없이 미워지고 쏜 포수의 잔등을 총부리로 쳐서 거꾸러뜨리고도 싶은 충동이 솟았다.

품 안에 들어온 두 마리의 짐승을 놓친 것이 얼마나 다행인가. 위대한 공같이도 생각되었다. 잃어진 한 마리를 찾느라고 애닲은 가족들이 이 밤에 얼마나 산 속을 헤매일까를 생각하면 뼈가 결렸다. 인간의 잔인성이 갑절로 미워지며 '인간 중심주의'의 무도한 사상에 다시 침뱉고 싶었다.

죽은 짐승을 생각하고 며칠을 마음이 언짢았다. 3, 4일이 지난 후에 겨우 입맛도 돌아섰다. 때가 유난스럽게도 맛났다. 기어이 학보는 그날 밤의 진미의 고기를 물어보았다.

"장에 났더라. 노루 고기다."

어머니의 대답에 불현듯이 구미가 없어지며 숟가락을 던져 버렸다.

"노루 고긴 왜 사요."

퉁명스런 짜증에 어머니는 도리어 어안이 벙벙한 모양이었다. 학보는 먹은 것을 모두 게우고도 싶었다. 결국 고기를 먹지 말아야 옳을까. 하기는 다시 더 생각이 날 것 같지도 않았다.

일표의 공능

낮쯤 해 학교로 전화를 걸고 다짐을 받더니, 사퇴하고 집으로 돌아오기가 바쁘게 건도는 자동차를 가지고 왔다. 끌어앉히다시피 하고는 거리를 내려가 남쪽으로 훨씬 나가더니 윗골목 한 집으로 다다랐다. 뜰 안의 초목과 조약돌은 저녁물을 뿌린 뒤이라 푸르고 깨끗하다. 낯선 집은 아니었으나 양실만이 있는 줄 알았던 터에 층 아래에 그렇게 조촐한 '자시끼(다다미방)'를 본 것은 처음이어서 안내를 받아 복도를 고불고불 깊숙이 들어가니 그 한 간의 푸른 자릿방이었다. 또 한 가지 나를 서먹거리게 한 것은 방으로 들어섰을 때 상 건너편에서 방긋 웃음을 띤 한 송이 색채가 우리를 반기는 것이다. 그 역 낯선 사람은 아니었으나, 그 날 저녁의 그 모든 당돌한 배치가 불시에 끌려나온 내게는 도무지 뜻밖의 일이었다. 건도의 그 날의 목적을 짐작하지 못하는 바는 아니었으나 그만쯤의 목적을 위해서는 지나치게 거창한 행사였다.

"만난 지 오래기에 하룻밤 얘기나 해 볼까 해서……."

설매도 그와 같은 표정으로 웃어 보인다. 이 해의 유행인지 치잣빛 적삼이 철에 맞아 화려하다. 술이 자꾸 뒤를 이어 들어오고 요리가 그릇마다 향기를 달리한다. 웬만큼 술이 돈 때에야 비로소 건도는 부회의원 선거의 일건을 슬그머니 집어냈다. 선거기가 임박했다는 것, 심심파적으로 출마해 보겠다는 것을 말했을 때 나는 이미 나의 일표를 원하는

그의 심중을 응당 살피고,

"그까짓 내 뜻이 무어게, 오늘 저녁 대접은 과해. 몇백 표를 얻는 데 이렇게 일일이 턱을 썼다간 봉빠지게."

"일일이야 낭비를 하겠나만──자네 혹시 다른 곳에 승낙하지나 않았나 해서……."

"할 뻔은 했네만."

"거 다행이네. 놓치지나 않을까 해서 이렇게 조급히 서둔 거야."

대체 선거라는 것부터가 내게는 귀선 것이어서 선거권이 있는지 없는지도 당초에는 몰랐었고, 있다고 해도 그 시민적 특권을 그다지 달갑게 여기지는 않았다. 선거에 관한 주의서가 부에서 개인명으로 나오게 되어 동료의 몇 사람이 내 한 표의 뜻을 설명하며 친구들의 모모가 그것을 원한다는 말을 전했을 때 비로소 내가 이 고장에 온 지 몇 해며 1년에 바치는 세금이 얼마 가량이라는 것이 막연히 머릿속에 떠오르며 의원의 덕으로 부민에게 얼마나의 이익이 올 것인지는 모르나 차례진 의무는 차례진 대로 하는 것이 옳으려니도 생각하기 시작했다. 그러나 후보자 속에 얼마나 뛰어난 사람이 있는지 몰라도 나로 보면 그 한 표쯤 아무에게 준들 안 준들 일반인 것이다. 가까운 친구가 그것을 기다리고 있었을 줄야 어찌 알았으랴.

"자네가 출마할 줄 꿈이나 꾸었겠나. 내 한 표가 긴하다면야 두말 있겠나."

그러나──하는 표정으로 그를 보았을 때 그도 민첩하게 그 표정 속에 숨은, 출마는 해서 무엇한단 말인가, 자네도 그런 부류의 인간이었던가 하는 뜻을 눈치챈 모양,

"자네 경멸할는지도 모르나──이것두 생애의 한 체험으로 생각하려네."

하는 변명의 어조였다.

"체험, 파란 많은 자네 생애엔 벌써 체험도 동이 난 모양이지——운
동을 못 해 봤나, 교사 노릇을 못 했나, 기자 생활을 안 겪었나……."

기자 생활을 청산한 후로는 변호사 시험을 보아 오는 것이 몇 해 동
안 실패만 거듭하고 있다. 시험에 성공한다면 그 자격으로서 또 의원의
자리를 바라는지는 모르나 지금 같아서는 시험에 실격한 것이 출마의
원인일 듯도 싶다. 기자 생활을 버리고 변호사 시험을 원한 것부터가
그에게는 큰 생애의 변동이었고, 이제 의원으로 출마하게 된 것은 다시
백 보의 변동으로서 그 과정이 내 눈앞에는 여지없이 차례차례로 나타
나고 그의 심경의 변화해 감도 짐작할 수 있기는 하다. 사상에 열중했
을 때와 의원을 원하게 된 오늘과의 먼 거리를 캐서는 안 될 것이 시간
의 길이와 변천의 고패에 착안함이 그를 충실히 이해할 수 있는 유일의
실마리일 듯싶으니 말이다.

"오늘 이 당장에 내게 그것밖엔 할 일이 무엇이겠나. 돌부처같이 가
만히 있을 수 있다면 또 몰라두……."

변화라는 것이 그에게는 몸에 지닌 철학이자 처세의 원리라는 듯도
하다. 도리어 반문하는 듯이 어세가 높은 그의 태도 속에 그가 지금까
지 자기 유(부류)로 살아온 모든 배포가 들여다보인다.

"그게 이번 출마의 이유란 말인가?——하긴 자넨 잠시도 가만있지
못하는 활동객이니깐."

"전에는 사상으로 행세했지만 지금에야 행세의 길이 달라지지 않았
나."

"거리에서 꼭 행세를 해야 값이 있단 말인가?"

"행세를 못 하구야 또 산 값이 무어겠나."

당초보다는 그의 생각이 퍽도 달라졌다. 사상으로 행세하던 때의 그

의 입에서 나는 지금과 같은 말투를 들어 본 적이 없었다.

지금에는 벌써 그의 따지는 이치가 완고하리만큼 굳은 듯하다. 속은 무르면서 겉만을 그렇게 굳게 무장하고 있는지도 모르기는 하다.

"어서 뜻을 얻어 마음대로 행세하도록 하게나. 내 표는 염려 말구."

"북쪽에서만두 근 십여 명이 출마를 했으니 적어도 이백 표는 얻어야 바라보겠는데. 요행 교사 시대와 기자 시대에 사귀어 둔 사람들이 있어서 그들의 말이 헛것이 아니라면 이럭저럭 희망이 있네만 사람이 말만 가지구야 믿을 수 있어야지."

"설마 나까지야 못 믿겠나?"

"이렇게 야단스런 상을 받구야 턱 값이래두 해야 하잖겠나."

웃으니까 그도 따라 웃고 설매도 입을 열고 고운 잇줄을 구슬같이 내보인다. 이 때까지 다른 술좌석에서 설매를 만난 일이 여러 번이었어도 그가 건도의 짝일 줄은 몰랐다. 익숙한 두 사람의 눈치로 보면 여간한 사이가 아닌 듯하다. 그 원앙 같은 쌍이 합심해서 내게 베푸는 정성을 생각하면 거나한 김에 마음이 따끈해지면서 나도 건도를 위해서 마음의 정성을 베풀어야 할 것을 가슴속에 굳게 먹게 되었다.

그날 밤 술이 과했던지 이튿날 개운치 못한 정신으로 교단을 오르내리면서 건도의 일 건이 머릿속을 떠나지 않았다. 부회의원—선거—한 표를 얻기 위한 그 극진한 대접—설매의 아슬아슬한 아첨—건도의 장황한 설화—의원이 되어야 면목이 서고 행세를 할 수 있다고 거듭 되풀이하던 그의 조바심이 내 일만 같이 마음속에 살아 나왔다. 이 날부터 내게로 뒤를 이어 오게 된 우표 없는 약속 우편의 무수한 편지들 속에 건도의 것도 끼이기 시작했다. 한 사람이 여러 차례씩이나 비슷한, 판에 박은 선거 희망의 서장을 보내오는 속에서 건도의 것도 그들과 다름없는 같은 격식, 같은 내용의 것이었다. 그를 후원하는 후원회에서 보낸 추천장에는 10여 명의 후원자의 열 명 아래에 그의 학력과 경력과 인물을 세세히 적어 후보자로서 가장 적당함을 증명했고, 그 자신이 보낸 서장 속에는 피선된 후의 포부와 계획을 당당 5, 6천 자의 장황한 문자로 논술 설명해 왔다. 교육 기관의 확충, 특히 초등교육의 충실, 시가지 계획, 위생 시설, 사회적 시설, 산업 조장 등의 항목을 들어 부의 행정 시설을 검토하고 장래 부세에 대한 설비를 계획해서 부정의 백년 대계를 세우겠다는 위대한 기개였다.

수십 명이 차례차례로 보내온 비슷한 글발을 뒤적거리면서 나는 그 자신들의 흥분과는 인연이 멀게 나중에는 지쳐서 하품이 날 지경이었다. 그들이 감언이설로 유혹하나, 나는 첫째로 그들에게 부탁할 말이 없는 것이요, 그들의 힘에 의지해서 부탁하고자도 않는다. 거리에 목마다 입후보의 흰 간판이 늘어서고 부민들이 선거의 화제로들 수물거린대도 내게는 선거라는 것이 도무지 경없는 일로나 보이면서 흥분은커녕 마음은 차게 가라앉을 뿐이었다. 일면식도 없는 그들 군소 정객에게서 받은 수십 매의 편지를 거리에 뿌려지는 광고지만큼도 긴히 여기지 않으면서 드디어 선거의 날을 당하게 되었다.

5월도 끝 무렵이라 날이 무더워 가는 때였다. 마침 일요일이었던 까닭에 나는 아침부터 뜰에 나서 꽃을 매만지고 있었다. 선거 투표는 오후 다섯 시까지였던 까닭에 조급히 집을 나서지 않아도 좋았던 것이요, 선거보다도 내게는 솔직히 화단의 꽃이 더 소중했던 것이다. 벌써 꽃피기 시작한 양귀비 포기를 만지며 물도 주고 잎사귀도 가지런히 추어 주며 한가하게 속사를 잊어버리고 있는 동안에 어느덧 오정이 울렸다. 행여나 투표를 잊어서는 안 된다고 한가한 마음을 깨워 주려는 듯이 뜻밖에 불쑥 들어온 것이 건도였다. 별반 필요가 없었던 까닭에 요정에서 만난 후 처음이었다. 가장 분주한 날일 텐데 웬일이냐고 물으니까, 며칠 동안 들볶아 친 판에 피곤도 하고 그 날, 특히 자기에게 맡겨진 일도 없기에 수선스런 선거 사무소를 빠져나왔다는 것이었다. 마침 잘 왔다고 나는 차리고 나서면서 거리로 이끌었다. 일전의 호의에 대한 답례도 할 겸 투표까지의 시간을 함께 지우려는 것이었다. 그릴에서 점심을 먹고 맥주 잔을 기울이노라니 놓이는 마음에 내게는 내 고집이 생기면서 그의 말에 맞장구만을 치지 않고 내 유의 반성이 솟기 시작해 자연 입이 허랑해졌다.

"자네 낯이 넓으니까 염려야 있겠나만 운동한 결과 낙자가 없을 것 같은가?"

"삼백 표를 약속받았으니 반만 믿더라두 일백 오십이 아닌가. 일백 오십 표면야……."

"그럼 내 한 표쯤은 부뚜막의 소금 한 줌 표두 못 되겠네그려."

"삼백분지 일이니까 비례로는 적으나 그러나 자네 같은 정성이야 자네를 놓고야 삼백 중에서 또 누구에게 바라겠나."

"정성——자네 부회의원 돼서 거리에서 행세를 잘 하라는 정성 말이지……. 이 며칠 그 정성에 대해 조금 반성하기 시작했는데……."

단숨에 잔을 내고 다시 맥주를 받으면서,

"——자네 보낸 그 야단스런 포부두 읽구 계획두 들었네만——초등 교육 문제니 인도교 가설 문제니 위생시설 문제니 그것이 왜 내겐 그림 엽서나 포스터 속의 빛 낡은 선전문같이만 보이는지 모르겠네. 좀 더 알뜰히 생각해 보려두 맘이 자꾸 빗나간단 말야. 확실히 필요한 조목인데두——자네들의 실력을 얕잡아보는지는 모르겠으나."

그렇게 터놓고 말하는 것이 반드시 친구의 비위를 건드리지는 않은 듯 그도 속임없는 한 꺼풀 속 심경을 감추지는 않았다.

"……사실 나두 그게 격식이라기에 뭇 사람을 본받아 흉내는 내 봤으나 일을 하면서도 흡사 연극을 하고만 있는 것 같으면서 맘속이 텁텁해 못 견디겠어. 대체 무슨 큰 수가 있어서 그것을 하노, 하구 피곤한 뒤에는 반드시 맘 한 귀퉁이가 피곤해. 내게 무슨 할 일이 없다구 그짓을……."

과는 달랐어도 함께 학문을 공부하고 학술을 연구한 그 동기 동창의 솔직한 마음속일 듯싶었다. 삼십을 갓 넘은 젊은 학사의 속임없는 하소연인 듯싶었다.

"의원의 하는 일이 불필요야 하겠나만 자네를 그 구실에 앉힌다는 것이 아무래두 희극이야. 양복을 입구 고깔을 쓴 것 같아서 격에 어그러져 뵈거던."

"내 할 일을 내가 간대루 모르겠나——."

동창의 얼굴은 불그레 물들고 눈은 온화하게 빛난다. 상 위에는 맥주병이 어느 새 수북이 늘어섰다.

"——나이가 늦었다면 또 모르거니와. 적수공권의 알몸이라면 또 모르거니와……."

"그러게 말이네. 앞이 아직 훤한 우리가 무얼 못 해서. 더구나 자네의 의기와 경제력을 가진다면야 앞날의 대업을 위한 준비를 하는 것이 차라리 값있는 일이겠구……."

"시험에 성공했었다면 또 모르거니와 내게 무슨 계획인들 없었겠나. 제일 가까운 수로 만주나 동경으로 내빼려구까지 맘먹었었네. 그런 것이 차일피일 거리에 묵고 있는 동안에 이 궁리를 하게 된 것이라네."

"망발이야. 아무리 생각해두 수치면 수치지 당선한댔자 영광은 못 돼. 삼십 세의 소장 법학사가 부회의원이라니. 의회 석상에서 부윤 이하 늙은이 의원들을 앞에 놓구 자네 웅변이 아무리 놀랍구 거리의 명

성을 한 몸에 차지한다구 치더라두 자네 하는 구실이 희극 배우 가음 밖에는 못 돼."

지나친 조롱이 그의 가슴을 후볐는지 동무는 자조의 웃음을 빙그레 띠더니,

"섣불리 돈푼이나 있는 게 내게는 얼마나 불행인지 모르겠네. 무슨 계획을 세우든 미지근해서 배수의 진을 치구 부락스럽게 나서질 못한단 말야…… 그러나 계획은 계획, 눈앞은 눈앞, 일단 출마한 바에야 뒤로 물러서는 수야 있겠나."

"당선돼야 한단 말인가?"

온화하던 눈망울이 긴장해지면서 결의를 보인다.

"암. 이겨야지. 근 반 달 동안을 고생해 놓구 지금 내 앞에 남은 결과가 이기는 것밖엔 더 있겠나. 나선 바엔 성공해야지. 그 후에 또 다른 일을 계획하든 어쩌든 그건 이것과는 별 문제거든."

"자네 당선된다는 게 반가운 일 같지는 않아. 새옹마의 득실로 실패함으로써 참으로 큰 결의가 올는지 뉘 아나."

"두구 보게 성공하잖나."

술병이 빈 것을 알고 나는 시계를 보았다. 이야기에 열중하느라고 시간 가는 줄을 모르고 있는 동안에 오후가 훨씬 지나 투표도 앞으로 두어 시간을 남겼을 뿐이었다. 나는 내 의무를 생각하고 조금 급스럽게 자리를 일어섰다. 너무도 한가한 오찬의 시간이었다.

"나만큼 자네를 생각하는 사람도 드물리. 어떻든 내 정성을 다하고 올게. 차차 또 만나세."

가게를 나와 건도와 작별하고 홀몸으로 나의 소속된 투표장을 향했다. 북부 투표 분회장인 S소학교 강당까지 이르기에 술도 거나한 까닭이었지만 나는 유쾌하다고 할까 우습다고 할까 복받쳐오르는 내 스스로

의 유머를 못 이겨서 휘전휘전 정신이 없었다. 교문에는 순사가 삼엄하게 지키고 섰고 훤한 운동장에는 입후보의 간판이 일렬로 늘어선 앞으로 마치 입학 시험의 마당같이 군데군데 몇 사람씩 성글게 모여 서서는 수군들 거리는 것이 모두 내 유머의 비밀의 배경을 이루어, 내게는 유쾌한 것이었다. 도착 번호표를 받는다. 명부 대조소에서 승인을 받는다. 투표 교부소에서 주소 성명을 자칭한다——넓은 강당 이모저모에서 밟아야 할 절차가 단순하지는 않았다.

회장 한 모에 놓은 단을 모으고 그 위에 부윤 이하 7, 8명이 회장을 향해 엄연히 앉아 있다.——투표 용지를 들고 한구석에 이르렀을 때 집어든 붓대가 내 손끝에서 약간 떨렸다. 세모를 접은 복판 줄에다 나는 내 친구인 입후보자 박건도의 성명을 정성스럽게 적어야 하는 것이요, 그 목적으로 그 곳까지 이른 것이다. 박건도의 획수를 마음속에 그리면서 순간 몸이 움칫하며 붓끝이 종이 위를 달렸다. 1분이 걸려야 할 이름이 1초가 채 안 걸렸다. 달막거리는 가슴을 억제하면서 용지를 제대로 집어들고 투표함 앞에 이르러 '정성의 한 표'를 넣었다. 내일로 내 경멸의 뜻을 알리라 외치고 싶은 충동을 느끼면서 거나한 눈으로 그들을 쏘아붙이고는 회장을 나왔다. 운동장을 나서 집으로 향할 때, 그 지난 1초 동안의 유머가 나를 한없이 통쾌하게 했다. 감독관과 선거 행위에 대해서 날카로운 비판의 화살을 던졌을 뿐 아니라, 사랑하는 동무 건도에게 대해서도 나는 내 마음의 정성을 다한 것이다. 반생 동안에 그렇게 통쾌한 유머와 풍자의 순간을 맛본 적이 없다. 다리가 비틀비틀 꼬이면서 한길 복판에서 목소리를 높여 웃고 싶으리만큼 즐거운 심정이었다. 세계 선거 역사상에 전례가 없을 특출한 순간의 걸작을 내놓은 그 선거의 하루가 내게는 오래 잊을 수 없는 독창적인 만족을 주는 것이었다.

이튿날은 아침부터 본회장에서 개표가 시작되었다. 신문은 선거의 기

사로 전면을 채우고 따로 호외까지를 발행했다. 그 야단스런 거사가 별안간 엄숙하게 여겨지면서 나는 어제의 내 행동을 생각하며 마음이 어느 정도로 흥분하지 않는 것도 아니었다. 대체 건도의 하회가 어떻게나 되나 궁금해하면서 사퇴한 후 저녁 거리에 나섰을 때, 큼직한 목마다 세운 각 신문사 속보판이 시간마다의 개표의 결과를 보도했다. 일렬로 늘어선 백여 명 후보자의 이름 아래서 숫자가 시시각각으로 경쟁을 했다. 건도의 이름 아래로 주의를 보낸 나는 기뻐해야 옳을는지 슬퍼해야 옳을는지 그의 성적은 상당히 우수한 편이어서 열, 스물씩 오르는 것이 다른 후보자의 결코 밑을 가지 않았다. 나는 목구멍이 근질거리는 일종 야릇한 심정을 느끼면서 백화점에 들렀다, 찻집을 찾았다 하다가는 다시 속보판을 들여다보는 것이었으나, 건도의 성적은 단연 우수해서 뭇 적수를 물리치고, 내가 집으로 돌아갈 때까지는 거의 백점을 바라보는 것이었다.

개표는 다음 날까지 계속되었다. 건도는 역시 거리에서는 상당히 유력한 편이로구나, 부민들의 원이라면 그도 괜찮을 테지 생각하면서 냉정한 태도로 그의 성적의 발표를 주의하는 것이었으나, 이 날은 웬일인지 대단히 불리해서 낮까지에 130표가 오르고는 저녁때에 이르기까지 조금도 요동하지 않는다. 다른 후보자들이 거의 2백 표를 바라볼 때까지 그는 종시 130에 머무르고 말았다. 물론 그것이 결코 적은 표수는 아니어서 그 아래로는 층이 많고 심지어 백 표에 차지 못하는 사람도 많았으나, 반면에 그보다 윗수도 많아서 높은 것이 2백을 넘으려는 것이었다. 나는 저녁 불이 들어올 때까지 거리에 머물렀으나 도무지 까딱하지 않는 건도의 고정 수 130을 한도로 집으로 들어갔다. 전날의 놀라운 성적에 비겨서 웬일인고 생각하며 나는 기쁜지 섭섭한지 거의 표정과 말이 없이 걸었다.

반 달을 두고 끌어 온 수선스런 선거의 행사는 그 날로 완전히 끝난 것이었다. 이튿날 신문은 호외를 가지고 당선된 새로운 부회의원의 이름을 발표했다. 건도의 이름은 그 속에 없었다.

야릇한 것은 130이 참으로 당락의 분기점이었던 것이다. 130점부터 당선이요 130표가 낙선——건도는 하필 그 공교로운 분기의 숫자로서 낙선의 비운을 맞은 것이다. 130과 하나——한 표를 더 얻었더라면 당선이다. 한 표를 놓쳤기 때문에 낙선이다. 한 표, 운명의 한 표! 공교로운 한 표!

"건도 만세."

신문을 들여다보는 동안에 너무도 신기한 생각이 나서 모르는 결에 속으로 외쳤다.

"한 표로 그대의 운명이 작정되다. 건도 만세. 낙선 만세."

불운하게 그대의 운명이 작정되다. 건도 만세. 낙선 만세.

불운하게 당선이 되어서 부회의원이 된댔자 거리에서 행세를 한다고 휘몰아치다 소성에 안심한 채 몸을 버리기가 첩경 쉬울 뿐이다. 낙선이야말로 그에게 새로운 결심을 주고 새로운 길을 보일 것이다.——이것이 나의 처음부터의 생각이고 그에게 대한 정성이었다. 그는 요행 낙선했다. 한 표의 부족으로 그 한 표를 거절한 것이 참으로 나였던 것이다! 뜻하지 않은 그 공교로운 결과를 괴이한 것으로 여기면서 투표하던 날의 그 순간의 걸작을 나는 마음속에 되풀이해 그려 보았다.

건도의 표정은 지금 대체 어떠한 것일까. 불만의 표정일까, 만족의 표정일까. 장차는 내게 얼마나 감사해야 옳을 것인가. 그의 낯짝을 구경하고 낙선 턱을 우려 내리라——고는 생각하면서도 차일피일 즉시로는 만나지 못하고 그가 찾아올 날을 기다리고 있는 동안에 3, 4일이 지난 날 저녁이었다.

학교 동료들과의 조그만 모임이 있어 강을 내다보는 요정에서 마침 부른다는 것이 설매였다. 건도를 족쳐 낼 작정인 내게는 그 또한 다행한 일이었다. 붙들고는 첫마디가,

"건도 소식 들었나?"

설매도 마치 그 질문을 기다리고 있었던 듯이,

"첫날은 풀이 죽었더니……."

"다시 살아났단 말이지. 꼴 좀 보구 싶어."

"이를 갈아물구 결심이 단단한 모양예요."

"턱을 톡톡히 받아야 할 텐데……."

"낙선 턱 말이죠?"

"아무렴."

"만나면 말씀 전해 달라더만요."

"전화나 걸어 볼까."

든손 일어서려는 나를 설매는 붙들어 앉힌다.

"장거리 전화를 거실 작정인가요?"

"장거리는 왜?"

"동경으로 갔어요. 그저께 밤 부랴부랴 떠났어요."

"동경으로 흐음——."

나는 마치 내 자신의 계획이 맞아떨어진 것같이 무릎을 칠 듯이도 쾌연한 심사였다.

"거리에 더 무죽거리구 있을 면목두 없는 터에 몇 해 공부를 하겠다구 급작스럽게 차려 가지구 떠났죠. 선생님두 만날 체면이 없는지 뵙거던 소식을 전해 달라구 신신부탁을 하면서."

"잘했어. 바로 내 바라는 거야."

결말을 들으면 간단한 것이나 건도의 심정을 생각하면 내 심중도 복

잡하지 않은 것은 아니다. 그러나 마음이 고요하게 가라앉아 가면서도 한편 유연히 솟는 기쁨을 금할 수는 없었다. 동무를 한 사람 그런 방법으로 구해 냈다는 것이 반드시 내 유의 독단은 아닌 듯하며, 그의 경우를 아는 사람이라면 나와 의견이 같을 것을 믿는다. 술을 마시고 잔을 설매에게 권하면서,

"설매두 건도가 이제야 옳은 길을 잡았다구 생각하잖나. 무엇을 어떻게 공부해 오든 봉지를 떼어 봐야 알 일이지만, 의원이니 무어니 때꼽쟁이 감투를 쓰고 거들거리는 것보다는 수가 몇 층이나 윗길인가."

"저두 잠시는 섭섭하지만 잘하였다구 생각해요. 젊은 양반이 괜히 똑똑하다구 거리에서들 추스르는 바람에 까딱하다간 사람 버리기 일쑤죠. 뚝 떠난 게 잘하구말구요."

"그래 그를 뚝 떠나게 한 게 누군 줄이나 아나?——꼭 한 표로 낙선됐는데 그 한 표로 그를 떨어뜨린 게 누군 줄 아나?"

무엇을 말하려노 하고 설매는 나를 바로 바라본다.

"나라 나, 나."

"선생님이라니요."

"건도를 떨어뜨려 동경으로 떠나보낸 것이 바로 나야."

"승낙하신 한 표를 주시지 않았단 말인가요?"

"왜 주기야 줬지. 그러나 건도를 쓰지 않았어."

"어쩌나."

"이름을 안 쓰구 장난을 쳤어. 투표지에다 작대기를 죽 내려그었어."

"위반 행위를 하셨군요."

"그게 건도를 생각하는 정성이라구 생각했거든. 건도의 이름을 썼댔자 오늘의 건도가 났겠나. 어쩌다 그 한 표가 맞쳤는지 생각할수록 신기하단 말야."

"그러니 약속하신 한 표를……."

"아무렴, 모두 내 공이야. 내 공이 커."

설매는 천만 의외라는 듯 놀라는 표정이 좀체 사라지지 않는다. 기쁜지 슬픈지 분간할 수 없는 눈매로 뚫어져라 하고 내 얼굴을 바라보는 것이다.

"왜, 설매는 반댄가. 내 한 일이 그르단 말인가?"

"천만에요. 그르기야 왜. 잘 하셨소. 청춘 하나 살리셨죠."

"건도가 있었더라면 얘기를 하구 한바탕 껄껄걸 웃으련 것이 그만."

"편지로래두 제가 일러드리죠. 그간의 곡절을……."

"편지는 나두 할 작정이야. 좀 장황하게 내 공을 자랑하구, 요다음 만날 때 톡톡히 예를 받아 내게."

"선생님두 원, 못하는 것이 없으셔."

설매도 내 심정을 터득했는지 활달한 웃음을 지었다.

"자, 우리 둘이 건도 만세나 불러 줄까."

병을 들어 설매에게도 따라 주니 그도 나와 마주 잔을 대었다.

"건도 만세!"

"건도 만세!"

가느다란 목소리로 합창을 하고 술을 머금을 때, 동료들은 무슨 일인고 하고 우리들을 빙그레 바라보는 것이었다.

삽 화

의외에도 재도 자신의 흉계임을 알았을 때에 현보는 괘씸한 생각이 가슴을 치밀었으나, 문득 돌이켜 딴은 그럴 법도 하다고 돌연히 느껴졌다. 그제서야 동무의 심보를 똑바로 들여다본 것 같아서 몹시 불유쾌하였다. 그날 밤 술을 나누게 되었을 때에 현보는 기어이 들었던 술잔을 재도의 면상에 던지고야 말았다.

"사람의 자식이 그렇게도 비루하여졌더냐."

"오, 오해 말게. 내가 무엇이기로 과장이 내 따위의 말에 따라 일을 처단하겠나. 말하기도 전에 자네의 옛일을 다 알고 있네. 항상 그렇게 조급한 것이 자네 병이야. 세상에 처해 나가려면 침착하고 유유하여야 하네. 좀더 기다려 보게나."

"처세술까지 가르쳐 줄 작정이야?"

이어 술병마저 들어 안기려다가 현보의 손은 제물에 주저앉아 버리고 말았다. 문득 재도의 위대한 육체가 눈을 압박해 오는 까닭이었다. 아무리 발악한대야 '유유한' 그 육체에는 당할 재주가 없을 것 같았고 그 육체만으로 승산은 벌써 한풀 꺾인 것을 깨달았다. 서로 떨어져 있는 몇 해 동안에 불현듯이 늘어난 비대한 그 육체 속에서 음모와 권술과 속세의 악덕이 물같이 괴어 있을 듯이 보였다. 그와 자기와의 사이에는 벌써 거의 종족의 차이가 있고 건너지 못한 해협이 가로놓여 있음을 알

앉다. 사람이 그렇게까지 변할 수 있을까 하고 느껴지며 옛일이 꿈결같이 생각되었다.

"아예 오해 말게. 옛날의 정이라는 것도 있잖은가."

"고얀 놈."

유들유들한 볼따구니를 갈기고 싶었으나 벌써 좌석이 식어지고 마음이 글러져서 싸움조차가 어울리지 않음을 느꼈다. 거나한 김에 도리어 다시 술을 입에 품는 동안에 가늠을 보았던지 마치 재도편에서 자리를 벌떡 일어나서 무엇인지 핑계의 말을 남기고 자리를 물러섰다.

"음칙한 것——."

또 한 수 꺾인 현보는 발등을 밟히고 얼굴에 침을 뱉기운 것 같아서 속심지가 치밀며, 그럴 줄 알았더면 당초에 놈의 볼따구니를 짜장 갈겨 두었더면 하고 분한 생각이 한결같이 솟아올랐다.

그제 와서는 모든 것이 뉘우쳐졌다. 무엇을 즐겨 당초에 하필 그 있는 곳으로 자리를 구하려고 하였던가. 옛날에 동무가 아니라 동지이던 그 우의를 의지한 것이 잘못이었고, 둘째로는 그 자리를 알선하여 준 옛 스승이 원망스러웠다. 아무리 앞길이 막히고 형편이 곤란하다 하더라도 구구하게 하필 그런 자리가 차례에 왔던가. 하기는 결과는 그제서야 알게 된 것이니 당초에야 짐작할 수도 없는 일이기는 하였으나, 재도는 한 방에서 일보게 될 옛날의 동무를 거절하였던 것이다. 현보의 덮여진 전 일을 들추어 내서 과장의 처음 의사를 손쉽게 뒤집어 버린 것임을 현보는 늦게서야 깨달았던 것이다.

사람이 그렇게까지 변할 수 있을까?——현보에게는 수수께끼요 신비였다. 그를 그렇게 만든 것은 무엇이었던가? 그의 여위었던 육체가 몰라보리만큼 비대하여진 것같이 그의 마음의 바탕 그것을 믿을 수 없으리만큼 뒤집어 놓은 것은 대체 무엇이었던가?——생각이 여기 이를 때에 현보는 현혹한 마음을 금할 수 없었다. 저지른 사건도 있고 하여 학교를 나오자마자 현보는 고향을 떠나 오랫동안 동경을 헤매었다. 운동 속으로 풀숙 뛰어 들어가지는 못하였으나, 그 가장자리를 빙빙 돌아치면서 움직이는 모양과 열정 등을 관찰하여 간신히 양심의 양식을 삼았다. 물론 그를 그렇게 떠나보낸 것은 젊은 마음을 움켜잡은 시대의 양심뿐만이 아니라, 더 가까운 그의 가정적 사정이었으니 일개의 아전으로 형편이 넉넉지 못한데다가, 그의 부친은 집 밖에 첩을 둔 까닭에 가정은 차고 귀찮아서 그 싸늘한 공기가 마침 현보를 쫓아 고향을 떠나게 하였던 것이다. 하기는 늘 그를 운동의 열정으로 북돋게 한 것도 직접 동력은 그것이었던지 모른다. 그가 동경에서 상식을 벗어난 기괴한 생활을 하고 있는 동안 고향과는 인연이 전혀 멀었다. 그 아득한 소식 속에서 재도는 학교 시대에 현보와 등분으로 가지고 있던 똑같은 사회적 열정을 헌신짝같이 버리고 오로지 일신의 앞길을 쌓아 올리고 안전한 출세의 길을 열기에 급급하였다. 물론 시세의 급격한 변화가 의외에도 갑작스럽게 밀려온 까닭은 있다면 있었다. 철학과를 마친 재도는 철학을 출세의 장기로는 부적당하다고 여겨 다시 법과에 편입하여 3년 동안이나 행정의 학문을 알뜰히 공부하였다. 갑절의 햇수를 허비하고 쓸모 적은 학위를 둘씩이나 얻어서 출세의 무장을 든든히 했던 것이다.

고등 문관 시험이 절대의 목표였으나 해마다 실패여서 아직껏 과장급에는 오르지 못하였으나, 그러나 이미 수석의 자리를 잡아 이제는 벌써 합격의 날을 기다릴 뿐으로 되었다. 여기에 이르기까지에는 뼈를 가는 노력을 한 것이니, 그 노력을 하는 동안에 인간의 바탕이 붉은 것에서 대뜸 검은 것으로 변하였다. 너무도 큰 변화이나 그러나 그의 마음에는 조금도 꺼릴 것이 없게 되고 세상 또한 그것을 천연스럽게 용납하게 되었다. 다만 오랫동안 갈라져 있게 된 현보에게만──피차의 학교 시대만을 알고 그 사이에 시간의 긴 동안이 떨어졌던 현보에게만 그것은 놀라운 변화로 보였을 뿐이다. 중학교 시대부터 대학까지를 같이 한 그 사이의 가지가지의 이야기를 대체 어떻게 설명하면 옳은가 하고 현보는 마음속이 갈피갈피 어지러워졌다.

어린 때의 민첩한 마음을 뉘것 할 것 없이 한 번씩은 다 끌어 보는 것은 문학의 매력이다. 자라서 자기의 참된 천분의 길을 발견하고 하나씩 둘씩 떨어져 달아날 때까지는 그 부질없는 열정을 누구나 좀체 버리려고 하지 않는다. 현보와 재도들도 그 예에서 벗어나지는 못하였다.

숙성한 셈이어서 중학교 2년급 때에 벌써 동인 잡지의 흉내를 내었다. 월사금을 발려 가지고 모여들 들어 반지를 사고 묵사지를 사서는 제 식의 원고를 몇 벌씩 복사하여 책을 매어 한 벌씩 나누어 보는 정도의 것이었으나, 그 얄팍한 책을 가지게 되는 날들은 장한 일이나 한 듯이 자랑스런 마음을 얼굴에 드러내고들 하였다. 자연히 동인끼리는 친한 한패가 되어서 학교에서도 은연중에 뽐을 내고 다른 동무들의 놀림을 받고 그들과 동떨어지게 되는 것을 도리어 기뻐하였다. 잡지의 내용은 대개 변변치 못한 잡지 쪽에서 훔쳐 온 글줄이거나 간혹 독창적인 것이 있다면 유치하기 짝없는 종류의 것이었으나, 그렇게 모여든 기분만은 상 줄 만한 것이 있어 그것이 한 아름다운 단결의 실례를 보이는 때도 있었다. 잡지 첫 호 첫 장에 사진들을 실릴 수 없고 하여 각기의 필적으로 이름들을 적었으니 6, 7명 어지럽게 모여든 이름들 속에서 현보와 재도의 이름이 가장 큼직하게 눈에 띄었다. 자라서 의사도 되고 공학사로도 나가고 혹은 자취조차 감추어 버리고들 한 가운데에서 현보와 재도만이 끝까지 인연을 가지게 된 것도 생각하면 기묘한 일이다.

달의 차례가 돌아와 현보의 집에서 모이게 된 날 밤늦도록 일을 하다가 마침내 심상치 않은 장난이라고 노려본 현보의 아버지에게서 톡톡히

꾸중을 당하게 되었다. 한 마디 거역하는 수 없이 그대로 못마땅한 얼굴로 헤어질 수밖에는 없었으나, 책임을 느낀 현보는 그날 밤에 미안한 김에 술집에 들러서 동무들을 위로하게 되었다. 이것이 술을 입에 대게 된 시초였다. 얼근한 판에 현보는 부친의 무지를 비난하고 술버릇으로 소리를 높여 울었다. 심사풀이로 다음 날부터 며칠 동안은 드러누운 채 학교를 쉬었다. 사흘 되는 날 재도에게서 그림 엽서의 편지가 왔다. 고리키의 사진 뒤편에는 위안의 말과 함께 이 당대의 문호의 소식이 몇 자 적혀 있었다. 그 짧은 글과 사진은 현보에게는 말할 수 없이 아름다운 것이었다. 그 살뜰한 감격이 깨뜨려질까를 두려워하여 그 한 장의 엽서를 한 권의 책보다도 귀히 여겼다. 현대의 문호 고리키의 사적을 재도가 자기 이상으로 알고 있다는 것이 그에게는 한 큰 놀람이었고, 귀한 그림을 아끼지 아니하고 보내 주는 동무의 마음씨가 고마웠고, 셋째로는 폐병으로 신음 중에 있다는 그 문호의 애달픈 소식이 웬일인지 문학으로 향한 열정을 한층 더 불지르고 북돋웠다. 다음 날부터는 갑절의 용기를 가지고 학교에 나갔다. 재도에게는 일종의 야릇한 사랑의 감정을 느끼게 되었다.

　문학의 열정은 더욱 높아져서 그 후 동인 잡지가 부서지고 동무들이 다시 심상한 사이로 돌아가게 되어 버린 후까지도 재도와 현보의 뜻은 한결같았고 사이는 더욱 친밀하여졌다. 동인 잡지가 없어지고 학년이 높아 감에 따라 신문과 잡지에 투고하는 풍속이 시작되었다. 외단으로 실려진 시나 산문을 가지고 와서는 서로 읽고 비평하기가 큰 기쁨이었다.

　투고 중에서 가장 보람있고 듬직한 것은 신년 문예의 그것이었으니 재도들이 처음으로 그것을 시험한 것은 마지막 학년의 겨울이었다. 재도와 현보는 전에 동인 잡지에 한몫 끼였던 또 한 사람의 동무를 꾀어 세 사람이 그 장한 시험을 헛일삼아 해 보기로 작정하고, 입학 시험 준비의 공부도 잠깐 밀어 놓고 학교를 쉬면서 각각 응모할 소설을 썼다. 추운 재도의 방에 모여 화롯불에다 손을 녹이면서 각각 자기의 소설들을 낭독한 후 격려하고 예측하고 한 그날 밤의 아름다운 기억을 배반하고 비웃는 듯이 소설들은 참혹하게도 낙선이고, 다만 한 사람의 동무의 것이 선외 가작으로 뽑혔을 뿐이었다. 재도와 현보의 실망은 컸다. 더구나 재도는 조그만 그 한 일로 자기의 천분까지를 의심하게 되었고 문학에의 열정에 큰 타격을 받은 것도 사실이었다.

그 때에는 벌써 두 사람 사이에는 숨어서 술을 즐기는 버릇이 늘어서 화가 나는 때는 항상 더 좋은 기회가 되었다. 낙선의 소식을 신문에서 본 날 밤, 현보는 단골인 뒷골목 집에서 잔을 거듭하면서 울분을 토하고 기염을 올리면서 화풀이를 하고 있었다.

"그까짓 신문쯤이 명색이 무어야. 신문에 안 실리면 소설 낼 곳이 없나."

거나한 김에 재도는 눈을 굴리며 식탁을 쳤다.

"현보, 낙망 말게. 지금 있는 신문쯤에 연연한다면 졸장부. 참으로 위대한 문학과 지금의 신문과는 아무 관계도 없는 것이야. 현재 조선에 눈에 걸리는 소설가라고 한 사람이나 있나. 그까짓 신문쯤으로 위대한 작가를 발견할 수는 없단 말야."

현혹한 기염으로 방 안의 공기를 휘저어 놓더니 현보의 무릎을 치며,

"홧김에라도 내 잡지 하나 기어이 해 보겠네. 내 몫으로 차려진 백 석지기만 팔면 그까짓 조선을 한번 온통 휘저어 놓지. 옹졸봉졸한 소설 가쯤이야 다 끌어다가 신문과 대거리해 볼 테야. 신문의 권위쯤이 무엇이겠나. 자네 소설 얼마든지 실어 줌세. 그 때는 내 잡지에 실려야만 훌륭한 소설의 지표를 받게 될 것이니까. 가까운 데 것만 내려보고 대장부가 문학 문학 하고 외치는 것이 어리석은 짓이야. 낙담 말

고 야심을 크게 가지세."

찬란한 계획에 현보는 눈이 부시고 정신이 얼떨떨하였다.

자라면 잡지를 크게 경영하여 보겠다는 것이 그의 전부터의 원이기는 하였다. 앞으로 5백 석지기가 있다는 것과 그것을 사용함이 온전히 그의 자유라는 것도 전부터 들어는 왔었다. 그러나 맹렬한 그 잡지의 열정도 결국은 자기의 문학의 욕심의 만족을 얻기 위한 것일 것이니, 그의 그날 밤의 불붙는 희망은 문학에 대한 미련——따라서 낙망 이외의 아무것도 아니었음을 현보는 간파할 수 있었다. 확실히 그 무엇에 홀리었던 취중의 그날 밤이 지나고 맑은 정신의 새 날이 왔을 때에 현보는 자기의 간파가 더욱 적중하였음을 깨달았다. 낙망하지 말라고 동무를 격려한 재도 자신의 문학에 대한 낙망은 컸던 것이다. 거의 근본적으로 절망의 빛을 보였다. 야심을 크게 가지라고 동무에게 권한 그 자신의 야심은 날이 지날수록에 간 곳 없이 사라졌다. 하기는 문학에 대한 야심이 차차 다른 것에 대한 그것으로 형상을 변하여, 모르는 결에 그의 마음속에서 점점 굵게 자라고 있었는지도 모른다.

문학의 사상과 혈족 관계가 가까운 듯하며 문학의 길은 사상의 길로 통하기 쉬운 것 같다.

재도와 현보가 중학을 마치고 예과를 거쳐 대학에 들어가게 되었을 때 다 같이 철학적 사색을 즐겨하게 되었으며, 시대의 사상에 민첩하였고 과외의 경제의 연구에까지 뜻을 두게 된 것도 전부터의 같은 혈연 관계가 시킨 것이 아니었을까? 약속이나 한 듯이 경제 연구회의 임원으로 함께 가입하여 그것이 마침 해산을 당하게 될 때까지 회임원을 지속한 것은 반드시 일종의 허영심으로 시대의 진보적 유행을 좇은 것만은 아니었다.

현보는 드디어 조그만 행동까지를 가지게 되었으며 당초에 문학을 뜻한 그로서 그것은 결코 당찮은 헛길은 아니었다. 그러나 연구회의 와해는 시대의 변천의 큰 뜻을 가지어서 그 시기를 한 전기로 젊은 열정들은 무르게도 산지사방으로 흩어져 버렸다. 재도의 오늘의 씨를 품게 한 것도 참으로 이 때였다고 볼 수 있다. 그 때의 재도와 오늘의 재도를 아울러 생각함은 마치 붉은 해를 쳐다보다가 그 눈으로 별안간 검은 개천 속을 들여다보는 것과도 같아서 머리가 혼란하여지는 것이다. 그 때의 재도는 그 때의 재도로 생각하는 수밖에는 없다.

대학 예과에서는 1년에 두어 차례씩의 친목의 모임이 있었다. 갓 들어간 첫해 봄의 친목회는 다과를 먹을 뿐만의 것이 아니라, 앞으로 발행할 조그만 잡지의 계획을 의논하여야 하는 것으로 일종 특별한 사명을 띤 것이었다. 의논이 분분하고 의견이 백출하여 자연 좌석이 어지럽고 결정이 늦었다. 여러 시간의 지리한 토론에 해는 지고 모두들 지쳐서 이제는 벌써 결정은 아무렇게 되든 속히 회합이 끝나기만 기다리는 지경에 이르렀다. 사람들이 모여서 한번 입을 열게만 되면 이론은 간단하면서도 말이 수다스러워짐은 어느 사회나 일반이어서 조그만 지혜가 솟으면 그것을 헤쳐 보이지 않고는 못 배기고, 불필요한 말을 덧붙여서 자신의 존재를 알리고 싶어지고 쓸데없는 고집으로 정당한 말을 일부러 뒤집어 보려고 하는 것이 거의 누구나의 천성이어서, 잠자코만 있으면 밑진다는 듯이 반드시 그 어느 기회에 입을 한 번씩은 열어 보고야 만다. 그 어리석고 저급한 공기에 삭막한 환멸을 느끼며 무료한 하품들을 연발할 지경이었으나, 별안간의 벽력 같은 소리에 좌석은 문득 놀라지 않을 수는 없었다. 수다스런 의논에 싫증이 난 한 사람이 홧김에 찻잔을 던져 깨뜨린 것이다. 뭇 사람의 눈총을 받은 그 당돌한 생각은 엄연히 서서 누구엔지도 없이 고래 같은 목소리로 호통을 하였다.

"대체 이것이 무슨 꼴들인가? 요만한 일에 해가 지도록 의논이 분분해서 아직껏 해결이 없으니 그 따위의 염량들을 가지고 일을 하면 무슨 일을 옳게 할 수 있단 말인가? 냉큼 폐회하기를 동의한다."

돌연한 호담스런 거동에 진행 중의 의논도 잠깐 중지되고 모두들 담을 떼우고 할 바를 몰라 잠시 그 무례한 말썽자를 우두커니들 바라볼 뿐이었다. 지친 판에 통쾌한 한 대였고 동시에 주제넘은 한 마디였다. 그 자신 홧김에 충동적으로 나왔을 것은 사실이나 그러나 또한 심중에 그 거동의 자랑스런 의식이 없었을까. 사실 그는 그 간단한 거동으로써 제각각 영웅이 되어 보려는 총중에서 가장 시기를 잘 낚아 효과적으로 손쉽게 영웅이 된 것이다. 확실히 행동 자체가 흐려진 분위기에 한 대의 주사의 효과는 있었으나, 그 동기의 관찰이 좌중에 꼴사나운 인상을 준 것도 사실이었다. 더구나 초년급인 그는 하급생의 지위로서 상급생까지를 휘몰아 호통의 주먹을 먹인 셈이 되었다. 이윽고 상급생의 한 사람이 긴장된 장내를 헤치고 성큼성큼 앞으로 나가더니 분개한 꾸지람으로 아니꼬운 영웅을 여지없이 족여 놓았다.

"주제넘은 친구가 누구냐. 버릇없는 야만의 행동이라는 것이다. 거리에 나가 대로상에서나 할 일이지 어떻게 알고 이런 자리에서 그런 무지한 버르장이를 피우느냐. 누구를 꾸지람하자는 어리석은 수작이야. 일이 늦어지는 것은 아무의 탓도 아닌 것이다. 여럿이 일을 할 때에는 반드시 적당한 계제를 밟은 후에 결론에 이르는 것이니 쓸데없이 조급하게 구는 것은 예의를 모르는 어린애의 버릇에 지나지 못한다. 다시는 그런 버릇 없기를 동무로서 충고한다."

한 마디의 대꾸도 없었다.

장내는 고요하고 긴장되어서 그 무슨 더 큰 것이 터질 듯 터질 듯 한 무시무시한 침묵이 흘렀다. 좌중은 두 번째의 통쾌한 자극에 침체되었던 무료를 깨우치고 시원한 흥분 속에서 목을 적신 셈이었다. 상급생의 의젓한 꾸지람도 물론 시원스런 것이었으나, 당초의 하급생의 통쾌한 거동의 자극이 너무도 컸던 것이다. 시비와 곡직은 둘째요 사람들은 솔직하게 두 가지의 자극 속을 헤매는 것이 사실이었다. 이런 때의 승패는 이치의 시비에보다도 완전히 행동의 자극에 달린 것이다. 승리는 뒤보다도 앞으로 기운 모양이었다. 더구나 꾸지람에 대하여 반 마디의 대꾸도 없이 고개를 숙이고 침착하게 주저앉은 것이 약한 것이 아니라 기실은 더 굳세다는 인상을 주어서 그 효과는 거의 만점이었다. 현보는 한편 자리에 앉아서 유들유들하고 뻔질뻔질한 그 동무의 뱃심을 놀라움과 신선한 감정 없이는 바라볼 수 없었다. 찻잔을 깨뜨린 그 무례한 영웅은 별 사람 아니라 재도였다.

이 조그만 재도의 행사를 생각할 때 현보는 한 줄의 결론을 발견하지 않을 수 없었다. 호담스런 호통을 하고는 결국 꾸지람을 당한 것이 마치 중학 때에 자신 있는 소설을 투고하였다가 결국은 낙선을 하여 버린 그 경우와도 흡사하였다. 두 번 다 나올 때는 유들유들하게 배짱을 부리고 나왔다가 결국은 그 무엇에게 보기좋게 교만을 꺾이고야 말았다. 그러나 그 당초의 뱃심만은 소락소락 꺾이지 않고 끝까지 지그시 간직하고 있는 것이다. 그것이 그의 성격인 것같이 현보에게는 생각되었다. 그 배짱 속에 항상 야심이 숨어 있고 그 야심의 자란 방향이 오늘의 그의 길이 아니었던가.

호담스럽게 나왔다가 교만을 꺾인 예라면 또 한 가지 현보의 기억 속에 있었다.

대학 안에서의 연구회가 한창 성할 무렵이었다. 하루 저녁, 예회 아닌 임시회를 마치고 늦은 밤거리에 나왔을 때, 현보와 함께 또 몇 잔을 거듭하게 되었다. 술이 웬만큼 돌았을 때 재도는 불만의 어조였다.

"오늘 S의 설화를 어떻게 생각하나. 자랑과 아첨과 교만에 찬 비루한 길바닥, 연설 이상의 것이 아니야. 학문의 타락을 본 것 같아서 불쾌하기 짝없었네. 대체 S라는 인간 자체가 웬일인지 비위에 맞지 않아. 혼자만 양심이 있는 체하고 안하무인이나 기실은 거만의 옷자락으로 앞을 가렸을 뿐이 아닌가. 회 자체까지도 나는 의심하게 되네. 모이는 위인들에게 자존심과 허영심을 제하면 뭐가 남겠나, 다른 사람과 구별되는 무엇이 있겠나. 마치 회원 아닌 사람과는 종족이 다른 체하는 눈꼴들이 너무도 사납단 말이야. 사실 그 축에 섞여 회원 되기가 부끄러워. 자네는 어떤가. 그 유에서 빠질 수 있겠나."

쓸데없는 불쾌한 소리에 현보는 짜증을 발칵 내며 빈 속에 들어간 술의 힘도 도와서 그의 손은 모르는 결에 재도의 볼을 갈기고 있었다. 갈기고 나서 문득 경솔함을 뉘우치게 되는 그런 거의 무의식중의 일이었다.

"자네 생각이 그르다는 것은 아니다. 하필 그런 것을 생각하는 태도가 틀렸단 말이네. 그야 인간성을 말하려면 그 누구 뛰어난 사람이 있겠나. 그러나 우리의 문제는 하필 그런 것이어야 하겠나. 그런 것만 꼬집어내다가는 까딱하면 옳은 길을 잃고 빗나가기 쉬우니까 말이네."

의아한 것은, 재도는 그 이상 더 대거리하려고도 하지 않고 현보의 말에 반박도 하지 않고 잠시 잠자코 있었음이다.

"그럴까. 내 생각이 글렀을까. 그러나 그런 것이 의식에 떠오르지 않는다면 새빨간 거짓말이지. 이 문제가 더 중요한 문제일는지도 모르니까."

"또 궤변이야. 내용이 좀 비지 않았나. 그런 소리만 할 젠."

"주제넘은 실례의 말은 삼가게.——회원이든 회원이 아니든 행동이 없는 이상 오십 보 백 보가 아닌가. 회원이라고 굳이 뽐내고 필요 이상의 교만을 피울 것은 없단 말이야. 그 위인들 속에 장차 한 사람이라도 행동으로 나갈 사람이 있겠나. 내 장담을 두고 보게."

"고집두 어지간히는 피운다."

"자네 생각과 내 생각은 아마도 근본적으로 틀리는 모양이네. 마치 체질이 서로 틀리듯이."

현보가 그만 침묵하여 버린 까닭에 말은 거기에서 끊어져 버렸다. 재도의 괴망한 생각이 현보에게는 한결같이 위험하게만 생각되었다. 동무에게 볼을 맞으면서도 대거리는 하지 않으나, 마음속에는 그의 독특한 배짱이 변함없이 서리어 있을 것이 현보에게는 분명히 들여다보였다.

그 후로 두 사람의 거리와 생활이 갈라지게 되었으므로 다정한 모임으로는 이것이 마지막이었으나, 생각하면 재도의 마지막 한 마디가 두 사람의 근본적 작별을 암시한 무의식중의 한 선언이었던 듯이도 현보에게는 생각되었다.

도시와 유령

　어슴푸레한 저녁, 몇 리를 걸어도 사람의 그림자 하나 찾아볼 수 없는 무인지경인 산골짝 비탈길, 여우의 밥이 다 되어 버린 해골덩이가 똘똘 구는 무덤 옆, 혹은 비가 축축히 뿌리는 버덩의 다 쓰러져 가는 물레방앗간, 또 혹은 몇백 년이나 묵은 듯한 우중충한 늪가!

　거기에는 흔히 도깨비나 귀신이 나타난다 한다. 그럴 것이다. 고요하고 축축하고 우중충하고, 그리고 그것이 정칙일 것이다. 그러나 나는 아직도 그런 곳에서 그런 것을 본 적은 없다. 따라서 그런 것에 관하여서는 아무 지식도 가지지 못하였다. 하나 나는——자랑이 아니라——더 놀라운 유령을 보았다. 그리고 그것이 적어도 문명의 도시인 서울이니 놀랍단 말이다. 나는 그래도 문명을 자랑하는 서울에서 유령을 목격하였다. 거짓말이라구? 아니다. 거짓말도 아니고 환영도 아니었다. 세상 사람이 말하여 '유령'이라는 것을 나는 이 두 눈을 가지고 확실히 보았다.

　어떻든 길게 말할 것 없이 다음 이야기를 읽으면 알 것이다.

　동대문 밖에 상업학교가 가제될 무렵이었다. 나는 날마다 학교 집터에 미장이로 다니면서 일을 하였다. 남과 같이 버젓하게 일정한 노동을 못하고 밤낮 뜨내기 벌이꾼으로밖에는 돌아다니지 못하는 나에게는 그래도 몇 달 동안은 입에 풀칠을 할 수 있었다마는 과격한 노동이었다. 그러므로 하루라도 쉬어 본 일은커녕 한 번이라도 늦게 가 본 적도 없었다. 원수같이 지글지글 타 내리는 여름 태양 아래에서 이른 아침부터 저녁때까지 감독의 말 한 마디 거스르는 법 없이 고분고분히 일을 하였다. 체로 모래를 쳐라, 불 같은 태양 아래에 새까맣게 타는 석탄으로 '노리'를 끓여라, 시멘트에다 모래를 섞어라, 그것을 노리로 반죽하여라, 하여 쉴새없는 기계같이 휘몰아쳤다. 그 열매인지 선물인지는 알 수 없으나 우리들이 다지는 시멘트가 몇 백 칸의 벌집 같은 방으로 변하고 친구들의 쨍쨍 울리는 끌 소리가 여러 층의 웅장한 건축으로 변함을 볼 때에 미상불 우리의 위대한 힘을 또 한 번 자랑하지 않을 수 없었다.── 어리석은 미련퉁이들이라…….(1행 생략) 어떻든 콧구멍이 다 턱턱 막히는 시멘트 가루를 전신에 보얗게 뒤집어쓰고 메케한 노린 냄새와, 더구나 전신을 한바탕 쪽 씻어 내리는 땀 냄새를 맡으면서 온종일 들볶아치고 나면 저녁물에는 정말이지 전신이 나른하였다. 그래도 집안 식구들을 생각하고 끼닛거리를 생각하면 마지막 힘이 났다. 일을 마치고 정신을 가다듬어 가지고 일인 감독의 집으로 간다. 삯전을 얻어 가지고 그 길로 바로 술집에 가서 한잔 빨고 나면 그제야 겨우 제정신인 듯싶었던 것이다.

술! 사실 술처럼 고마운 것도 없었다. 버쩍버쩍 상하는 속, 말할 수 없는 피로를 잠시라도 잊게 하는 것은 그래도 술의 힘이었다.

그 날도 나는 술김에 얼근하였었다. 다른 때와 같이 역시 맨 꽁무니에 떨어진 김 서방과 나는 삯전을 받아들고 나서자마자 한길 옆 술집에서 만판 먹어 댔다.

술집을 나와 보니 벌써 밤은 꽤 저물었었다. 잠을 자도 한참 너그러지게 잤을 판이었다. 잠이라니 말이지 종일 피곤하였던 판에 주기조차 돌아 놓으니, 사실이지 글자대로 눈이 스르르 내리감겼다. 김 서방과 나는 즉시 잠자리를 향하였다.

잠자리라니 보들보들한 아름다운 계집이 기다리고 있는 분홍 모기장 속 두툼한 요 위인 줄은 알지 말아라. 그렇다고 어둠침침한 행랑방으로 알라는 것도 아니다. 비록 빈대에는 뜯길망정 어둠침침한 행랑방 하나 나에게는 없었다. 단지 내 몸뚱이 하나인 나는 서울 안을 못 돌아다닐 데 없이 돌아다니면서 노숙을 하였던 것이다.(그래도 그것이 여름이었으니 말이지 겨울이었던들 꼼짝없이 얼어 죽었을 것이다.) 따라서 세상에 못 볼 것을 다 보고 겪어 왔었다. 참말이지 별별 야릇하고 말 못할 일이 많았다. 여기에 쓰는 이야기 같은 것은 말하자면 그 중에서 가장 온당한 이야기의 하나에 지나지 못한다. 어떻든 김 서방——도 이미 늦었으니 행랑 구석에 가서 빈대에게 뜯기는 것보다는 오히려 노숙하기를 좋아하였다.——과 나는 도수장께를 지나서 동묘 앞까지 갔었다.

어느 결엔지 가는 비가 보슬보슬 뿌리기 시작하였다. 축축한 어둠 속에 칙칙한 동묘가 그 윤곽을 감추고 있었다. 사방은 고요하였다.

"이놈들 게 있거라!"

별안간에 땅에서 솟은 듯이 이런 음성이 들렸다. 나는 깜짝 놀라는 대신에 빙긋 웃었다.

"이래보여도 한여름 동안을 이런 데루 댕기면서 잠자는 놈이다. 그렇게 쉽게 놀래겠니."

하는 담찬 소리를 남겨 놓고 동묘 대문께로 갔다. 예기한 바와 다름없이 거기에는 벌써 우리 따위의 친구들이 잠자리를 차지하고 있었다. 그래도 꽤 넓은 대문간이지만 그 속에 그득하게 고기 새끼 모양으로 와르르 차 있었다. 이리로 눕고 저리로 눕고 허리를 베고 발치에 코를 박고 드르렁드르렁 코를 골고,

"이놈들, 게 있거라!"

"아이그, 그년……."

"이런 경칠 자식 보게."

엎치락뒤치락 연해 연방 잠꼬대 소리가 뒤를 이었다. 그러면 이쪽에서는

"술맛 좋다!"

하고 입맛을 쩍쩍 다시는 사람도 있었다. 그 바람에 나도 끌려서 어느결에 쩍쩍 다시려 하던 입을 꾹 다물어 버리고 나는 어이가 없어 웃으면서 김 서방을 둘러보았다.

"어떡하려나?"

"가세!"

"가다니?"

"아 아무 데래두 가 자야지."

김 서방 역시 웃으면서 두 손으로 졸린 눈을 비볐다.

"이 세상에선 빠른 게 첫째야. 이 잠자리두 이젠 세가 나네그려. 허허 허."

하면서 발꿈치를 돌리려 할 때이다. 나는 으레 닫혀 있어야 할 동묘 안으로 통한 문이 어쩐 일인지 반쯤 열려 있는 것을 발견하였다. 나는 앞선 김 서방의 어깨를 탁 쳤다.

"여보게, 저리로 들어가세."

"어데루 말인가?"

김 서방은 시원치 않은 듯이 역시 눈만 비볐다.

"저 안으로 말야. 지금 가면 어델 간단 말인가. 아무 데래두 쓰러져 한잠 자면 됐지."

"그래두."

"머, 고지기한테 들킬까 봐 말인가? 상관 있나. 그까짓 거 낼 식전에 일찍이 일어나면 그만이지."

그래도 시원치 않은 듯이 머리를 긁는 김 서방의 등을 밀면서 나는 안으로 들어갔다. 중문턱까지 들어서니 더한층 고요하였다.

여러 해 동안 버려 두었던 빈 집터같이 어둠 속으로 보아도 길이 넘는 잡풀이 숲속같이 우거져 있고, 낮에 보아도 칙칙한 단청이 어둠에 물들어 더한층 우중충하고, 게다가 비에 젖어서 말할 수 없이 구주중한 느낌을 주었다. 똑바로 말이지, 청 안에 안치한 그림 속에서 무서운 장사가 뛰어 내닫지나 않을까 하고 생각할 때에 머리끝이 쭈뼛하여지는 것을 어찌할 수 없었다.

거진 옷을 적실 만하게 된 빗발을 피하여 앞뜰을 지나 넓은 처마 밑에 이르렀다. 그대로 그 자리에 푹 주저앉아 겨우 안심한 듯이 숨을 내쉬었다.

그 때이었다.

"에그, 저게 뭔가 이 사람!"

김 서방은 선뜻 나의 팔을 꽉 잡았다. 그의 가리키는 곳에 시선을 옮긴 나는 새삼스럽게 놀라지 않을 수 없었다. 별안간에 소름이 쪽 돋고 머리끝이 또다시 쭈뼛하였다.

불과 몇 칸 안 되는 건너편 정전 옆에! 두어 개의 불덩어리가 번쩍번쩍하였다. 정신의 탓이었던지 파랗게 보이는 불덩이가 땅을 휘휘 기다가는 훌쩍 날고 날다가는 꺼져 버렸다. 어디선지 또 생겨서는 또 날다가 또 꺼졌다.

무섬 잘 타기로 유명한 왕눈이 김 서방은 숨을 죽이고 살려 달라는 듯이 나에게로 바짝 붙었다.

"하 하 하 하……."

나는 모든 것을 이해하였다는 듯이 활연히 웃고, 땀을 빠지지 흘리고 있는 김 서방을 보았다.

"미쳤나, 이사람!"

오히려 화기가 버럭 난 김 서방은 말끝도 채 못 마쳤다.

"하하하, 속았네 속았어."

"……."

"속았어, 개똥불을 보고 속았단 말야. 하하하!"

"머, 개똥불?"

김 서방은 그래도 못 미덥다는 듯이 그 큰 눈을 아직도 휘둥그렇게 뜨고 있었다.

"그래 개똥불야, 이거 볼려나?"

하고 나는 손에 잡히는 작은 돌멩이를 하나 집어들었다. 그리고 두어 걸음 저벅저벅 뜰 앞까지 나가서 역시 반짝거리는 개똥불을 겨누고 돌을 던졌다.

하나 나는 짜장 놀랐다. 돌을 던지면 헤어져야 할 개똥불이 헤어지긴커녕 요번에는 도리어 한 군데 모여서 움직이지도 않고, 그 무슨 정세를 살피는 듯이 고요히 이쪽을 노리고 있지 않은가!

나는 또 숨을 죽이고 그 곳을 들여다보았다. 그 때에 나는 더 놀라운 것을 발견하였다. 꺼졌다 또 생긴 불에 비쳐 협수룩한 산발과 똑똑지 못한 희끄무레한 자태가 완연히 드러났다. 그제야 "흥 흥" 하는 후렴없는 신음 소리조차 들려오는 줄을 알았다.

"에그머니!"

나는 순식간에 달팽이같이 오므라졌다. 그리고 또 부끄러운 말이지만 겨우 정신을 차렸을 때에 나는 동묘 밖 버드나무 밑에 쓰러져 있는 내 자신을 발견하였었다. 사실 꿈에서나 깨어난 듯하였다. 곁에는 보나 안 보나 파랗게 질린 김 서방이 신장대 모양으로 벌벌 떨고 있었다.

밤이 이슥하였는데 집으로 돌아가기도 무엇하니 나머지 밤을 동대문께 가서 새우자고 김 서방이 제언하였다.

비는 여전히 뿌리고 있었다. 뒤에서 무어가 쫓아오는 듯하여 연해 연방 뒤를 돌려보면서 큰 한길에 가 섰을 때에는 파출소 붉은 전등만 보아도 산 듯싶었다.

허둥허둥 동대문 담 옆까지 갔었다.

고요한 담 밑에는 아무것도 없었다. 모든 것을 집어삼킨 캄캄한 어둠 밖에는. 물론 파란 도깨비불도 없다.

"애초에 이리로 왔더라면 아무 일두 없었을걸."

후회 비슷하게 탄식하고 어디가 어디인지 분간할 수 없어서 "에라, 아무 데나" 하고 그 자리에 푹 주저앉았다.

나는 놀라기 전에 간이 싸늘해졌다. 도톨도톨한 조약돌이나 그렇지 않으면 축축한 흙이 깔려 있어야만 할 엉덩이 밑에……. 하나님 맙소서! 나는 부드럽고도 물큰한 촉감을 받았다.

뿐이 아니다. 버들껑하는 동작과 함께 날카로운 소리가 독살스런 땡삐같이 나의 귀를 툭 쏘았다.

"어떤 놈야, 이게!"

나는 고무공같이 벌떡 뛰었다. 그리고는 쏜살같이——그 꼴이야말로 필연코 미친 모양이었을 것이다.——줄행랑을 놓았다.

김 서방도 내 뒤에서 헐레벌떡거렸다.

"제발 사람을 죽이지 마라."

김 서방은 거의 울음겨운 목소리로 부르짖었다.

"이놈의 서울이 사람 사는 곳이 아니구 도깨비굴이었던가."

나 역시 나중에는 맡길 데 없는 분기가 솟아올랐다.

그러나 또 한편으로는 한없이 어리석고 못생긴 우리의 꼴들을 비웃고도 싶었다. 잘 알지는 못하지만 세상에 원, 도깨비나 귀신치고 몸뚱어리가 보들보들하고 물큰물큰하고──아니, 그건 그렇다고 해 두더라도 "어떤 놈야, 이게!" 하고 땡삐 소리를 치다니 그게 원…… 하고 의심하여 볼 때에는 더구나 단단치 못하게 겁을 집어먹은 것이 짝없이 어리석게 생각되었다. 그렇다고 그 자리에서 또 발을 돌려 그 정체를 탐지하러 갈 용기가 있었느냐 하면 그렇지도 못하였다.

하는 수 없이 보슬비를 맞으면서 수구문 밖 김 서방네 행랑방까지 가지 않으면 안 되었다. 가뜩이나 덕실덕실 끓는 식구 틈에 끼여 하룻밤의 폐를 끼쳤다고 하여도 불과 두어 시간의 폐일 것이다. 막 한잠 자려고 드러누웠을 때에는 벌써 날이 훤히 새었었으니까.

이렇게 하여 나는 원, 무엇이 씌었던지 하룻밤에 두 번씩이나 도깨빈지 귀신한테 혼이 났다. 사실 몇 해 수는 감하였을 것이다. 그러나 대체 누구를 원망하면 좋았으리요? 술 먹고 늑장을 댄 내 자신일까, 노숙하지 않으면 아니 된 나의 운명일까, 혹은 도깨비나 귀신 그것일까, 그렇지 않으면 그 외의 무엇일까……. 나는 이제야 겨우 이 중의 어느 것을 원망하는 것이 마땅하다는 것을 똑똑히 깨달았다.

어떻든 유령 이야기는 이만이다. 하나 참이야기는 이로부터다.

잠 못 자 곤한 것도 무릅쓰고 나는 열심히 일을 하였다. 비는 어느 결에 개어 버렸던지 또 푹푹 내리찌는 태양 아래에서 시멘트 가루를 보얗게 뒤집어쓰고 줄줄 흐르는 땀에 젖어 가면서.

그러는 동안에도 나는 전날 밤에 당한 무서운 경험을 머릿속으로 되풀이하여 보지 않을 수 없었다. 도깨비면 도깨빈가 보다 하고만 생각하여 두면 그만이었지마는 그래도 그것을 그렇게 단순하게 씩 닦아 버릴수는 없었다.

'대체 원, 도깨비가…….'
하고 요리조리로 무한히 생각하였다. 하나 아무리 생각한다 하더라도 결국 나에게는 풀지 못할 수수께끼에 지나지 못하였다.

하는 수 없이 나는 점심 시간을 타서 친구들에게 그 이야기를 하였다. 모두들 적지 않은 흥미를 가지고 들었다.

"머, 도깨비?"

1층 꼭대기에 시멘트를 갖다 주고 내려온 맹꽁이 유 서방은 등에 메었던 통을 내려놓기도 전에 눈을 휘둥그렇게 떴다.

"내가 있었더라면 그까짓 걸 그저……."

벤또를 박박 긁던 덜렁이 최 서방은 이렇게 뽐냈다. 그러나 가장 침착하게 담배를 푹푹 피우던 대머리 박 서방만은 그다지 신통치 않은 듯,

"그래 그것한테 그렇게 혼이 났단 말인가따는…… 왕눈이 따위니까."

하면서 밉지 않게 싱글싱글 웃으면서 김 서방과 나를 등분으로 건너보았다. 그리고,

"도깨비 도깨비 해두 나같이 밤마다야 보겠나."

하고 빨던 담배를 툭툭 털더니 이야기를 꺼냈다.

"바로 우리 집 옆에 빈 집이 하나 있네. 지금 있는 행랑에 든 지 몇 달 안 되어 모르긴 모르겠으나 어떻게 된 놈의 집이 원, 사람이 들었던 집인지 안 들었던 집인지 벽은 다 떨어지구 문짝 하나 없단 말야. 그런데 그 빈집에 말일세."

여기서 박 서방은 소리를 한층 높였다.

"저녁을 먹구 인제 골목쟁이를 거닐지 않겠나. 그러면 그 때일세, 별안간 고요하던 빈집에 불이 하나씩 둘씩 꺼졌다 켜졌다 하겠지. 그것이 진 서방(나를 가리켜 하는 말이다) 말마따나 무엇을 찾는 듯이 슬슬 기다가는 꺼지고 켜졌단 또 생긴단 말야. 그런데 그런 불이 차차 늘어 가겠지. 그리곤 무언지 지껄하는 소리가 나자 한쪽에서는 돈을

세는지 은방망이로 장난을 하는지 절걱절걱하다간 또 무엇을 먹는지 쭉쭉 하는 소리까지 들리네. 그나 그뿐인가, 어떤 날은 저희끼리 싸움을 하는지 씨름을 하는지 후당탕하면서 욕지거리, 웃음소리, 참 야단이지. 그러다가두 밤중만 되면 고요해지지만 그 때면 또 별 괴괴망측한 소리가 다 들려오데."

박 서방은 여기서 말을 문득 끊더니

"어때, 재미들 있나?"

하고 좌중을 돌려보면서 싱글싱글 웃었다.

"정말유, 그게?"

웅크리고 앉았던 덜렁이 최 서방은 겨우 숨을 크게 쉬면서 눈을 까불까불하였다.

"그럼 정말 아니구, 내가 그래 자네들을 데리고 실없는 소리를 하겠나."

하면서 박 서방은 말을 이었다.

"하나 너무 속지들은 말게. 그런 도깨비는 비단 그 빈집에나 진 서방들 혼난 데만 있는 것이 아닐세. 위선 밤에 동관이나 혹은 종묘께만 가 보게 시글시글할 테니."

나의 도깨비 이야기를 하여 의심을 풀려던 나는 박 서방의 도깨비 이야기로 하여 그 의심을 더한층 높였을 따름이었다. 더구나 뼈 있는 그의 말과 뜻 있는 듯한 그의 웃음은 더한층 알지 못할 수수께끼였다.

"그럼 대체 그 도깨비가 무엇이란 말유."

"내가 이 자리에서 길다케 말할 것 없이 자네가 오늘 저녁에 또 한 번 가서 찬찬히 살펴보게. 그러면 모든 것이 어름장같이……."

할 때에 박 서방의 곁에 시커먼 것이 나타났다.

"무슨 얘기 했소?"

일인 감독의 일할 시간이 왔다는 것을 고하는 듯한 소리였다.

"오소 오소 일이 해야지."

모두들 툭툭 털고 일어났다.

나도 하는 수 없이 박 서방에게 더 캐묻지도 못하고 자리를 일어나서 나 맡은 일터로 갔다.

그날 저녁이다.

결국 나는 또 한 번 거기를 가 보기로 작정하였다. 물론 김 서방은 뺑소니를 치고 나 혼자다. 뻔히 도깨비가 있는 줄 알면서 또 가기는 사실 속에 켕겼다. 하나, 또 모든 의심을 풀어 버리고 그 진상을 알려 하는 나의 욕망은 그보다 크면 컸지 결코 작지는 않았다. 나는 가슴을 벌떡이면서 발에다 용기를 주었다.

"그까짓 거 여차직하면 이걸로."

하고 손에 든 몽둥이――나는 만일의 경우를 염려하여 몽둥이 하나를 준비하였던 것이다.――를 번쩍 들 때에 나는 저절로 흘러나오는 미소를 금할 수 없었다. 도깨비를 정복하러 가는 유령 장군같이도 생각되어서 사실 한다 하는 ×자놈들이면 몰라도 무엇을 못 먹겠다고 하필 가난뱅이 노숙자들을 못 살게 굴고 위협과 불안을 주는 유령을 정복하여 버리겠다는 것은 사실 뜻있고도 용맹스런 사업일 것이다.――고 생각하였다.

어떻든 장차 닥쳐올 모험에 가슴을 벌떡이면서 발에다 용기를 주었다.

어두워 가는 황혼 속에 음침한 동묘는 여전히 우중충하였다.

좀 이르다고 생각하였으나 나오기를 기다리면 되지 하고 제멋대로 후둑후둑 뛰는 가슴을 가라앉히고, 아직도 열려 있는 대문을 서슴지 않고 들어섰다. 중문을 들어서 정전 앞으로 몇 발짝 걸어갔을 때이다.

전날 밤에 나타났던 정전 옆 바로 그 자리에 헙수룩하게 산발한 두 개의 그림자가 있었다. 그러나 나는 벌써 어리석은 전날 밤의 나는 아니었다.

"원, 요런 놈의 도깨비가……."

몽둥이를 번쩍 들고 사실 장군다운 담을 가지고 나는 그 자리까지 달려갔다. 하나!

나의 손에서는 만신의 힘이 맺혔던 몽둥이가 힘없이 굴러 떨어져 유령 장군이 금시에 미치광이 광대 새끼로 변하여 버렸던 것이다.

"원, 이런 놈의……."

틀림없던 도깨비가 순식간에 두 모자의 거지로 변하다니! 이런 기막힌 일이 어디 있단 말인가.

다음 순간, 그 무엇을 번쩍 돌려 생각한 나는 또다시 몽둥이를 번쩍 들었다.

"요게 정말 도깨비 장난이란 것야."

하나 도깨비란 소리에 영문을 모르는 두 모자는 손을 모으고 썩썩 빌었다.

"아이구, 왜 이럽니까?"

이건 틀림없는 사람의 목소리였다.

"나가라면 그저 나가라던지, 그래 이 병신을 죽이시렵니까. 감히 못 들어올 덴 줄은 알면서도 할수할수없이……."

눈물겨운 목소리로 이렇게 사죄를 하면서 여인네는 일어나려고 무한히 애를 썼다. 어린애는 울면서 그를 붙들었다. 역시 광대에 지나지 못한 나는 너무도 경솔한 나의 행동을 꾸짖고 겨우 입을 열었다.

"아니우, 앉아 계시우. 나는 고지기두 아무것도 아니니."

"네?"

모자는 안심한 듯한 동시에 감사에 넘치는 눈으로 나를 치어다보았다.

"어젯밤에 여기에 아무것도 나오지 않았수?"

무어가 무언지 분간할 수 없는 나는 이렇게 물었다.

"네? 나오다니요? 아무것도 나오지는 않았습니다. 그리고 단지 우리 모자밖에는 여기 아무것도 없었습니다."

여인네는 어시무사하여서 이렇게 대답하였다.

"그럼 대체 그 불은?"

나는 그래도 속으로 의심하면서 주위로 눈을 휘돌렸다.

"무슨 일이나 생겼습니까? 정말 저희들밖에는 아무것두 없었습니다. 그리구 저희는 저지른 것두 없습니다. 밤중은 돼서 다리가 하두 아프길래 약을 바르려고 찾으니 생전 있어야지유. 그래 그것을 찾느라구 성냥 한 갑을 다 거어내 버린 일밖에는 아무것도 없었습니다."

하고 여인네는 한쪽 다리를 훌떡 걷었다. 그리고 눈물이 그 다리 위에 뚝뚝 떨어지기 시작하였다. 나는 모든 것을 어름장 풀리듯이 해득하기는 하였으나, 여기서 또한 참혹한 그림을 보지 않으면 안 되었다. 그의 훌떡 걷은 한편 다리! 그야말로 눈으로는 차마 보지 못할 것이었다. 발목은 끊어져 달아나고 장딴지는 나무거피같이 마르고 채 아물지 않은 자리가 시퍼렇게 질려 있었다.

"그놈의 원수의 자동차……. 그나마 얻어먹지도 못하게 이렇게 병신을 만들어 놓고……."

여인네는 울음에 젖기 시작하였다.

"자동차에요?"

"네, 공원 앞에서 그놈의 자동차에……."

나는 문득 어슴푸레한 나의 기억의 한 귀퉁이를 번개같이 되풀이하였다.

달포 전.

어느 날 밤이었다.

그 날도 나는 이유없이——가 아니라, 바로 말하면 바람 쏘이러——밤 장안을 헤매고 있었다. 장안의 여름날은 아름다웠다.

낮 동안에 이글이글 타는 해에 익은 몸뚱어리에 여름밤은 둘 없이 고마운 선물이었다. 여름의 장안 백성들에게는 욱신욱신한 거리를 고무풍선같이 떠다니는 파라솔이 있고, 땀을 들여 주는 선풍기가 있고, 타는 목을 식혀 주는 맥주 거품이 있고, 은접시에 담긴 아이스크림이 있다. 그리고 또 산 차고 물 맑은 피서지 삼방이 있고, 석왕사가 있고, 인천이 있고, 원산이 있다.

그러나 그런 것은 꿈에도 못 보는 나에게는 머루알빛 같은 밤하늘만 치어다보아도 차디찬 얼음 냄새가 흘러나오는 듯하였다. 이것만 하더라도 밤 장안을 헤매는 것은 무의미한 일은 아니었다. 게다가 무엇보다도 거리 위에 낮거미 새끼같이 흩어진 계집의 얼굴——은 새려(커녕) 분 냄새만 맡을 수 있는 것만 하여도 사실 밤 장안을 헤매는 값은 훌륭히 될 것이었다.

그러나 장안의 여름밤을 아름다운 꿈으로만 생각하는 것은 큰 실수이다. 거기에는 생활의 무거운 짐이 있다. 잔칫집 마당같이 들볶아치는 야시에는 하루면 스물 네 시간의 끊임없는 생활의 지긋지긋한 그림이 벌여져 있었다. 거기에는 낮과 다름없이 역시 부르짖음이 있고 싸움이 있고 땀이 있었다.

그러나 아무튼 간에 가슴을 씻어 주는 시원한 맛은 싫은 것은 아니었다. 여름밤은 아름다웠다. 그런고로 나는 공원 앞 큰길 한옆에 사람이 파도를 일으키면서 요란히 수물거리는 것은 구태여 볼 것 없이, 술김에

얼근한 주객이나 그렇지 않으면 야시의 음악가 깡깡이 타는 친구를 둘러싸고 있는 것이려니 생각하고,

"흥, 여름밤이니까!"

혼자 중얼거리면서 무심코 그 곳을 지나려 하였다.

그러나 사람들의 수물거리는 품이 주정꾼이나 혹은 깡깡이꾼의 경우와는 달랐다. 그리고 무엇보다도

　　노자 노자
　　젊어 노자
　　먹구 마시구
　　막판 노자.

하는 주객의 노래는 안 들렸다. 그렇다고 밤 사람을 취하게 하는 '아름다운' 깡깡이 노래도 들려오지는 않았다.

"그러문 대체……."

나의 발길은 부지중에 그리로 향하였다.

"머? 겨우 요술꾼 약장수야?"

나는 거의 실망에 가까운 어조로 이렇게 중얼거리고 대수롭지 않은 듯이 발길을 돌이키려 할 때이다. 사람들의 수물거리는 틈으로 나는 무서운 것을 보았다.

군중의 숲에 싸여서 안 보이는 한 대의 자동차와 그 밑에 깔린 여인네 하나를 보았다. 바퀴 밑에는 선혈이 임리(피·물 등이 흥건한 모양)하고 그 옆에는 거지 아이 하나가 목을 놓고 울면서 쓰러져 있었다. "자동차 안에는" 하고 보니 아니나다를까 불량배와 기생년들이 그득하였다.

"오라질 연놈들!"

"자동찰 타니 신이 나서 사람까지 치니?"

"원, 끔찍두 해라."

이런 말 마디를 주우면서 나는 어느 결에 그 자리를 밀려져 나왔었다.

"그래 당신이 그……."

나는 되풀이하던 기억의 끝을 문득 돌려 이렇게 물었다.

"네, 그렇답니다. 달포 전에 그 원수의 자동차에 치여 가지구 병원엔지 무엔지를 끌구 가니 생전 저 어린것이 보구 싶어 견딜 수 있어야지유. 그래 한 달두 채 못 돼 도루 나오지 않았어요. 그랬더니 이놈의 다리가 또 아프기 시작해서 배길 수 있어야지유, 다리만 성하문야 그래두 돌아댕기면서 얻어먹을 수는 있지만……."

여인네는 차마 더 볼 수 없는 다리를 두 손으로 만지면서 울음을 느꼈다. 나는 그의 과거를 더 캐어물으려고도 하지 않았다. 아니, 묻지 않아도 그의 대답은 뻔한 것이었다.

"집이 원래 가난했습니다. 그런데다가 남편이 죽구 나니……."

비록 이런 대답은 안할지라도 그 운명이 운명이지 무슨 더 행복스런 과거를 찾아낼 수 있었으리요.

나의 눈에는 어느 결엔지 눈물이 그득히 고였었다. '동정은 우울감의 반쪽'일는지 아닐는지는 모른다. 하나 나는 나도 모르는 동안에 주머니 속에 든 대로의 돈을 모두 움켜서 뚝 떨어지는 눈물과 같이 그의 손에 쥐어 주었다. 그리고는 아무 말 없이 부리나케 그 자리를 뛰어나왔었다.

이야기는 이만이다.

독자여, 이만하면 유령의 정체를 똑똑히 알았겠지. 사실 나도 이제는 동대문이나 동관이나 종묘나 또 박 서방 말한 빈 집터에 더 가 볼 것 없이 박 서방의 뼈 있는 말과 뜻 있는 웃음을 명백히 이해하였다.

그리고 나는 모두 나와 같은 운명을 가진 애매한 친구들을 유령으로 생각하고 어리석게 군 나를 실컷 웃어도 보고 뉘우쳐 보기도 하였다.

독자여, 뭐? 그래도 유령이라고? 그래, 그럼 유령이라고 해 두자. 그렇게 말하면 사실 유령일 것이다. 살기는 살았어도 기실 죽어 있는 셈이니!

어떻든 유령이라고 해 두고 독자여, 생각하여 보아라. 이 서울 안에 그런 유령이 얼마나 많이 늘어나는가를!

늘어 간다고 하면 말이다. 또 되풀이하는 것 같지만 첫 페이지로 돌아가서…….

어슴푸레한 저녁 몇 리를 걸어도 사람의 그림자 하나 찾아볼 수 없는 무인지경인 산골짝 비탈길, 여우의 밥이 다 되어 버린 해골덩이가 똘똘 구는 무덤 옆, 혹은 비가 축축히 뿌리는 버덩의 다 쓰러져 가는 물레방앗간, 또 혹은 몇백 년이나 묵은 듯한 우중충한 늪가!

거기에 흔히 나타나는 유령이 적어도 문명의 도시인 서울에 오히려 꺼림없이 나타나고, 또 서울이 나날이 커 가고 번창하여 가면 갈수록 유령도 거기에 정비례하여 점점 늘어 가니 이게 무슨 뼈저린 현상이냐! 그리고 그 얼마나 비논리적, 마술적 알지 못할 사실이냐! 맹랑하고도 기막힌 일이다. 두말 할 것 없이 이런 비논리적 유령은 결코 있어서는 안 될 것이다.

그러면 어떻게 하면 이 유령을 늘어 가지 못하게 하고, 아니 근본적으로 생기지 못하게 할 것인가?

현명한 독자여! 무엇을 주저하는가. 이 중하고도 큰 문제는 독자의 자각과 지혜와 힘을 기다리고 있지 않은가!

행 진 곡

   혼잡한 밤 정거장의 잡도를 피하여 남과 뒤떨어져서 봉천행 3등 차표를 산 그는, 깊숙이 쓴 모자 밑 검은 안경 속으로 주위를 은근히 휘돌아보더니 대합실로 향하였다. 중국복에 싸인 청년의 기상은 오직 늠름하였다. 조심스럽게 대합실 안을 살펴보면서 그는 한편 구석 벤치 위에 가서 걸터앉았다.

   차시간을 앞둔 밤의 대합실은 물끓듯 끓었다. 담화, 환조, 훈기, 불안한 기색, 서마서마한 동요, 영원한 경영, 엄숙한 생활에 움직이고 움직였다. 그 혼잡의 사이를 뚫고 괴상한 눈이 무수히 반짝였다. 시골뜨기같이 차린 친구──회조한 도리우치, 어색한 양복저고리, 짧고 깡충한 바지, 어디서 주워모았는지 너절한 후카고무, 게다가 값싼 금테 안경으로 단장한 그들의 눈은 불유쾌하리만큼 날카롭게 빛났다. 영리한 그에게 이 어색하게 분장한 '시골뜨기'쯤야 감히 두려울 바가 아니었지만 피로를 모르고 새롭게 빛나는 그들의 눈은 몹시도 불유쾌하고 귀치 않은 존재였다. 그것은 길을 막고 계획을 부수려고 노리는 무서운 독사의 그것이었다. 이것이 그의 생활과는 떼려야 뗄 수 없는 고맙지도 않은 존재였다. 그만큼 그의 전 생활은 말하자면 초조와 불안의 연쇄였다. 가정이 있고 아내가 있고 안도가 있고 일신을 보호하여 주는 사회와 법률이 있는 그런 것이 그의 생활은 아니다. 지혜를 짜고 속을 태우고 용기를 내고 힘을 쓰고 하루면 스물네 시간, 1년이면 삼백육십오 일의 모험이 있고 죽음이 있다. 이것이 그의 생활이었다. 이러한 자기의 처지와 주위라 군중을 대조하여 생각할 때에 그는 침울하여졌다.

'나는 뭇 사람을 위하여 일한다. 그러나 그들은 그것을 알고 있을까.——물론 알아 달라는 것은 아니다.——내가 누구라는 것을 이 호복 입은 사내가 대체 무엇이라는 것을 짐작이라도 할까. 이 조마조마한 애타는 가슴 속——그것은 계집애를 생각해서가 아니다.——을 살펴 줄 수가 있을까. 끓는 청춘의 혈조를 초조와 모험에 방울방울 태워 버리고 마는 나, 그것을 이해는커녕 오히려 경멸하는지도 모르는 수많은 그들, 세상이 어떻게 되어가는지도 모르고, 알려고도 하지 않는 그들, 가난은 모두 전세의 죄라고밖에는 생각할 줄 모르는 그들, 그들과 나 사이에는 간격이 있다. 바다가 있다. 어쩔 수 없는 구렁이 있다.'

이 급하고 긴장된 순간에도 그는 쓰린 공허를 느꼈다. 건질 수 없는 영원의 공허를 느꼈다. 평생에 '생각'이라는 것을 경멸하여 온 그였건마는 때때로 문득 이렇게 생각나고 반성되는 순간이 있었다. 그러나 또다시 대합실 혼잡, 환조, 불안, 동요, 반짝이는 눈, 계획, 직무——현실에 돌아왔을 때에 다시 생각이 어리석음을 깨닫고 결심에 불질렀다.

'왜 이렇게 어리석게 생각하는가, 군중에 휩쓸려 춤추어라. 빛나는 눈을 속여 계획하여라. 일하여라. 천만 번 생각하여도 생각은 생각이다. 세상에 '생각'이라는 것이 해 놓은 무슨 장한 일이 있는가. 있다고 하여도 그것은 다 거룩한 '행동'의 뒤끄트러기에 지나지 못한다. 처음에 '행동'이 없다면 별수없이 굶어 죽었지 생각할 여유조차 없었을 것이다. 책상 구석에서 뽐내고 진리니 콧구멍이니 외치지 말아라. 한 끼의 밥이 없었다면 철학자의 대가리가 다 무엇 말라 죽은 것이

냐. 생각보다는 행동하자! 나가자! 일하자!'

언제든지 결국은 정해 놓고 도달하는 이 결론에 다다랐을 때에 그의 결심의 빛은 또다시 새로웠다.

'봉천행 봉천차——' 역부의 외치는 우렁찬 목소리가 대합실에 울리자 소란히 움직이는 군중에 휩쓸려 그는 가방을 들고 늠름하게 자리를 일어섰다. 뒤로 돌아서 남모르는 동안에 코밑에 수염을 붙였다. 모자는 될 수 있는 대로 깊숙이 쓰고 호복은 될 수 있는 대로 질질 끌면서 개찰구로 움직여 가는 군중 속에 섞여 버렸다.

위대한 흐름이다. 막을 수 없는 흐름이다. 생활의 위대한——그것은 절대의 흐름이다. 대합실, 개찰구, 층층대, 플랫폼, 열차에까지 뻗친 흐름——그것은 위대한 흐름이었다. 구하러 가는 사람, 찾아가는 사람, 계획하러 가는 사람들, 모든 생활자의 위대한 흐름을 휩싸고 밤 정거장은 비장한 교향악을 울렸다. 이 살아 있는 군중을 볼 때에 그의 용기는 백배하였다.

"불이 번쩍 나게 부딪쳐라!"

아침에 회관에서 작별한 동지의 말소리가 다시 귀에 새로웠다. 열차는 출발의 의기에 씩씩하였다.

차 안은 수많은 얼굴에 생기 있었다. 의지, 결심, 창조, 얼굴, 얼굴, 얼굴, 얼굴, 얼굴.

얼굴——혼잡한 사이에 겨우 자리를 잡고 앉아서 수염을 떼고 안경을 벗고 수많은 얼굴을 휘돌아보았을 때에 그의 시선은 건너편 구석에 있는 어떤 얼굴에 머물렀다. 그것은 몹시도 핼쓱하고 부드럽고 약간 강한 맛을 띤 듯한 소년이었다. 다 낡은 양복이며 깊이 쓴 캡이며 흡사 활동사진에 나오는 유랑하는 소년이었다. 다만 빛깔이 너무도 희고 선이 연하고 가늘 따름이었다.

그는 일어나 소년의 앞으로 가서 그의 어깨를 잡았다. 소년은 기겁이나 할 듯이 깜짝놀라 깊이 숙였던 얼굴을 들었다. 한참 동안이나 그를 똑바로 쳐다보더니 겨우 안도한 듯이 후둑이는 가슴을 어루만지면서 웃음을 띠고 입을 방긋 열었다.

　"나는 또 누구시라구요."

　"그렇게 놀랄 것이야 있습니까?"

하고 청년도 웃음을 띠어 보였다.

　"그런데 웬일이세요?"

　소년은 청년의 의외의 복색을 괴히 여기면서 아래위를 훑어보았다.

　"일이 좀 있어서 봉천까지 가렵니다."

　청년은 나직이 소년에게 속삭였다.

　"봉천이오?"

　"네, 일이 잘되면 더 들어가구요."

　청년은 주위의 눈을 꺼려서 나직한 목소리로 뒤를 흐리쳐 버리고 말길을 돌렸다.

　"어디로 이렇게 갑니까?"

　"어딘지도 모르지요."

　소년의 목소리는 별안간 낮아졌다.

　"어딘지도 모르다니요."

　"닿는 곳이 가는 곳이에요."

　눈물겨운 소년의 목소리에 청년의 얼굴은 흐려졌다.

　"혼자요?"

　"글쎄요, 또 쫓아오는지도 모르겠습니다."

하고 소년은 조심스럽게 주위를 돌아보았다.

　"대관절 어젯밤에는 어떻게 되었습니까?"

하고 청년은 암담한 얼굴로 소년을 바라보았으니 그 가운데에는 이러한
이야기가 잠겨 있었다.

그 전날 밤이었다.

오후 6시를 지나 도회의 밤이 시작될 때 노동 숙박소 안은 바야흐로
생기를 띠어 갔다. 노동하러 갔던 사람, 일 못 잡아 해 진 거리를 헤매
던 사람, 집도 절도 없는 사람——도회의 배반받은 모든 불행한 사람이
해만 지면 하룻밤의 잠자리를 구하여 도회의 찌그러진 이 집 안으로 와
글와글 모여들었다. 그러나 일류미네이션과 헤드라이트와 사이렌으로
들볶아치는 거리에 비하여 뒷골목의 우중충한 이 숙박소는 버림을 받은
듯이 쓸쓸하였다. 주머니가 든든하니 생활의 윤택이 있단 말인가. 계집
이 있으니 세상이 재미가 있단 말인가. 한 닢의 은전으로 때를 에우고
얇은 백동전으로 하룻밤의 꿈을 맺으니 합숙소의 밤은 단순하고 쓸쓸하
였다. 다만 이슥히까지 각 방에서 새어나오는 이야기 소리, 코고는 소리
가 묵묵한 단조를 깨칠 뿐이다.

생판 초면의 사람이 예닐곱씩 한 방에 모인다. 그 사이에는 체면도
없고 점잖음도 없고 겉 반드름한 예절도 없다. 거칠고 무미는 하나 솔
직하고 거짓이 없다. 피차에 성도 이름도 모르는 사이지만 외마디에 그
들은 마음을 받고, 두 마디에 사이는 깊어지고, 하룻밤 이야기에 온전히
단합하고 화하여 버렸다.

북편 구석에 외따로 박혀 있는 7호실도 이제 이야기꽃이 피었다. 벌
써 여러 해를 두고 그 방에 유숙하고 있다는 윤 서방과 홍 서방 외에 감
옥에 가 본 일이 있다는 사나이, 항구에서 왔다는 젊은이, 아라사에 갔
다 왔다는 청년, 모두 색다른 사람이 모였었다. 홍 서방은 낮 노동에 피
곤함인지 먼저 잠들고 나머지 사람 사이에는 목침 돌림으로 이야기가

시작되었다.

모인 사람이 각각 색다르니만큼 그들의 이야기도 형형색색이었다. 세상 이야기, 고생 이야기, 감옥 이야기, 항구 이야기, 배 이야기, 아라사 이야기——이 밤의 7호실은 조그만 세상의 축도였다. 거기에는 넓은 세상의 지식이 있고 피로 겪어 온 체험이 있고 똑바른 인식이 있었다. 대낮의 거리에서 양장한 색시에게 달려들어 여자를 기절시키고 보름 동안의 구류를 당하고 나왔다는 윤 서방의 이야기도 흥미 있는 것의 하나였으나, 원산서 해삼위까지 캄캄한 선창에 숨어 물 한 모금 못 마시고 밀항을 하였다는 항구 젊은이의 이야기, 노서아 어떤 도회에서 노동자의 시위 행렬에 참가하여 거기에서 노래부르고 ××기를 휘둘러 보았다는 아라사 갔다 온 청년의 이야기는 여러 사람의 열과 감동을 자아냈다. 더구나 청년의 가지가지의 불만과 조리 있는 설명은 그들의 산만한 지식에 통일을 주고 생각 못하던 것을 띄워 주었다. 그리고 그의 힘찬 결론은 듣는 사람의 피를 뛰놀게 하였다.

이렇게 하여 방 안이 이야기에 정신 없을 때에 낯 모르는 소년이 하나 들어왔다. 이야기는 그치고 방 안의 주의는 그리로 향하였다. 낡은 양복에 캡을 깊숙이 쓰고 얼굴빛 핼쑥한 소년이었다. 역시 하룻밤의 안식을 구하여 온 불쌍한 소년이었다.

거친 사내들이 들끓는 노동 숙박소는 얼굴이 핼쑥하고 가냘픈 소년이 올 곳이 못 된다. 귀한 집 자식이면 집에서 밥투정을 해도 아직 망발이 안 될 그 나이에, 아무 걱정 없이 학교에 가서 공부에만 힘써야 할 그 나이에 이렇게 거친 파도에 밀려 세상의 참혹한 이면에 찾아오지 않으면 안 된 소년의 운명이 첫눈에 애처로웠다.

꼿꼿하고 단단은 해 보였으나 얼굴 모습이며 몸집이며 부드럽고 연약한 소년이었다. 어쩐 일인지 그는 맹수에게 쫓기는 양과 같이 겁을 집어먹고 불안에 씰룩씰룩 떨었다. 마치 옛이야기에 나오는 '불쌍한 소년'이었다.

"어디서 오는 소년이오?"

하고 물었을 때에, 대답은 하지 않고 소년은 쓰다가 버린 숙박 신입서 한 장과 숙박권을 내보였다.

열여덟 살 되는 직업 없는 소년이요, 내숙의 이유는 역시 잘 데 없는 까닭이라는 것, 이 외에는 아무 별다른 사항도 씌어 있지는 않았으나 소년의 불안한 기색과 조심스런 태도로 보아 신변에 어떤 심상치 않은 일이 일어난 것이 확실하였다.

"무슨 불안한 일이나 있소?"

'아라사'가 부드럽게 물었을 때에도 소년은 깊이 쓴 모자를 더욱 깊이 쓰면서 역시 대답을 주저하였다.

밖에서 수군수군하는 이야기가 들리고 별안간 바람이 문을 휙 스치자 소년은 기겁이나 할 듯이 놀라면서 아라사의 팔을 꽉 붙들었다. 광채 나는 눈으로 문을 바라보는 그의 전신은 부르르 떨렸다. 그는 마침내 좌중을 돌아보면서 안타까운 목소리로 애원하였다.

"저의 몸을 좀 숨겨 주세요!"

"……."

좌중은 이 당돌한 애원에 영문을 몰라서 멍멍하였다.

"제발, 잠깐만 은신을 시켜 주세요."

재차 애원하는 목소리는 눈물겨웠다. 아라사는 소년의 팔을 붙들면서 물었다.

"무엇에 쫓겼단 말요?"

"네 저를 잡으려는 사람이 있답니다."

"순사란 말요?"

"아니에요, 얼른 좀 감춰 주세요."

밖에서는 발자국 소리가 저벅저벅 났다. 어쩔 줄 모르는 소년은 초조한 마음에 자리를 일어서서 설설 헤매었다. 차마 볼 수 없는 정경이었다. 그것을 보는 사람들의 애가 다 탔다. 한시라도 주저할 경우가 아니다. 어디에 감춰 주면 좋을까. 이불 속에? 그것은 너무도 지혜 없는 은신일 것이다. 좌중은 초조와 당혹에 어찌할 바를 몰랐다. 눈치빠른 '아라사'는 벌떡 일어서서 건너편 벽장을 손쉽게 열었다. 민첩하게 소년을 들어서 벽장 속에 넣고 부리나케 문을 닫아 버렸다.

아나나다를까 벽장을 닫치기가 바쁘게 밖에서 기침 소리가 높이 들리며 방문을 연다. 일동은 긴장된 마음으로 밖을 내다보았다.

순사는 아니었다. 사십이 넘어 보이는 수염 거친 사내와 키가 후리후리한 중국 사람 하나가 문밖에서 말도 없이 염치 좋게 방 안을 살펴보았다. 자세히 훑어보고 또 훑어보았다. 고개를 갸웃하고 생각하다가 의심스런 눈으로 또 들여다보았다. 그러나 결국 그들의 찾는 대상이 없음을 깨달았을 때에 두 사람은 무어라고 한참 지껄이더니 마침 수염 거친 사내가 방 안 사람을 보고 물었다.

"캡 쓴 아이 하나 여기에 안 왔습니까?"

"안 왔소!"

아무 주저 없이 '아라사'는 한 마디로 엄연히 대답하여 버렸다.

"정녕 안 왔소?"

고개를 다시 갸웃하더니 그 사내는 재차 눌러 물었다. 그러나 '아라사'의 대답은 여일하였다.

"안 왔소!"

"캡 쓰고 양복 입은 아이 말요."

의심겨운 사내는 추근추근 또 한 번 물었으나 아라사의 여일한 대답

은 반감을 일으킬 만큼 엄연하였다.

"안 왔달밖엔!"

사내는 어그러진 기대에 노기를 품었는지 방 안을 노려보더니 문을 닫고 호인과 무엇인지 의논하면서 나가 버렸다. 방 안의 긴장은 풀렸다. 쭉 일어섰던 그들은 안심하고 자리에 앉았다. 겨우 안도가 왔다.

"다들 갔어요?"

하고 소년은 벽장문을 열고 뛰어나왔다. 적지않이 안심한 듯하였으나 불안한 기색은 아직도 다 사라지지는 않았었다. 너무도 고마운 그들에게 대하여서는 무엇이라고 사의를 표하였으면 좋을는지 몰랐다.

"대체 그가 누구란 말요?"

"제 당숙이에요."

"당숙에게 왜 쫓깁니까?"

"……."

소년은 한참이나 말이 없었다. 그러나 하도 여러 번 묻자 그는 나중에 눈물겨운 소리로 그의 과거와 전후 곡절을 대강대강 이야기하였다.

고향은 황해도의 어떤 해변이었다. 몇 해 전에 단 하나 믿었던 형을 잃어버리고 나니, 할 수 없이 늙은 어머니와 그는 당숙에게 의지하게 되었다. 당숙은 원래 넉넉지 못한데다가 술이 과하였다.

그 후에 장사를 하네 무엇을 하네 하고 동리의 거상인 중국인에게서 많은 빚을 냈다. 갚을 능력이 없는 그에게는 이것이 점점 큰 짐이 되었다. 나중에는 할 수 없이 그는 중국인의 요구대로 당질을 호인의 손에 넘기게 되었다.

호인은 소년을 배에 싣고 중국으로 데리고 들어가려 하였다. 괴상한 배 속에서 소년은 공포와 고독에 울었다. 그러는 동안에도 항상 몸을 빼

칠 기회만 엿보고 있었다. 마침 배가 어떤 조그만 섬에 돛을 내렸을 때
이었다. 소년은 그와 운명을 같이한 자기 또래의 동무들과 계획하여 대
담히도 탈선을 꾀하였다. 어둠 깊고, 바다 검은 어렴풋한 달밤이었다. 무
서운 선인들의 눈을 피하여 그들은 완전히 섬 속에 몸을 감출 수 있었
다. 섬 사람들의 동정과 호의로 인하여 섬 배를 타고 다시 서해안으로
건너왔을 때에 소년은 그길로 즉시 서울로 향하였다. 그러나 벌써 그 기
미를 알아차린 호인은 뒤를 밟아 당숙을 끌고 서울까지 쫓아왔었다.

낡은 양복과 깊은 캡에 감쪽같이 분장은 하였으나 눈치빠른 그들은
용하게도 뒤를 쫓았던 것이다.

의지할 곳 없는 가정, 몹쓸 당숙, 어린 소년, 흉한 호인, 흔히 있는
일이다. 좌중은 이 어린 소년의 기구한 운명에 놀라지 않을 수 없었다.

"그래서 나중에는 여기까지 뛰어 들어왔습니다."
하면서 소년은 눈물을 씻었다.

"아까의 그들이 바로 당숙과 그 호인이오?"

"그렇답니다."

소년의 대답이 끝나기도 전에 방 안에는 벼락이 내렸다. 소년은 파랗
게 질려서 그 자리에 화석하여 버린 듯하였다. 문이 번개같이 열리면서
아까의 수염 거친 사내와 호인이 또다시 나타났던 것이다. 노기에 상은
찌그러지고 거친 수염이 밤송이같이 가스러졌었다. 날쌔게 그 사내는
문지방에 몸을 걸치더니 소년의 팔을 거칠게 잡아낚는다.

"이년아, 가면 네가 어딜 간단 말이냐!"

소년을 보고 별안간에 년이라고 하는 모순된 말소리에 방 안은 다시
놀랐다. 모두 멍멍하여 말할 바조차 모르고 사내와 소년을 등분으로 바
라보았다.

사내는 반항하는 소년을 온전히 끌어당겼다. 노기에 전신을 떨면서

어쩔 줄을 몰랐다.

"못된 계집아이 같으니, 요리조리 피해 다니면 어떻게 할 소견이란
말이냐."

하면서 험상궂게 소년을 쥐어박았다. 그 바람에 깊이 썼던 소년의 모자
가 벗겨져 달아나고──방 사람의 놀람은 컸다.──서리서리 틀어올렸
던 머리채가 거뜬게 풀려 내렸다. 가냘프던 '소년'은 별안간 늠름한 처
녀로 변하였다. 가는 눈썹, 흰 이마, 검은 머리, 다시 보아도 늠름한 처
녀였다.

방 안 사람들은 믿을 수 없는 듯이 의아한 눈으로 그를 똑바로 바라
보았다. 중세기의 연극에서나 일어남직한 일이지 현실에서는 생각하기
어려운 일이기 때문이다.

그러나 아무리 보아도 엄연히 그는 늠름한 처녀였다.

"당숙 말대로 하면 그만이지 어린 계집년이 이게 무슨 요망한 짓이
냐, 응?"

당숙이란 자는 호인에게 대한 변명인 듯도 하게 호인을 바라보면서
처녀를 꾸짖었다. 그러나 처녀는 말없이 울 따름이었다.

"그렇게 굴면 굶어만 죽었지 별수 있나?"

"죽어도 좋아요, 그런 놈에게는 가기 싫어요."

참을 수 없어 처녀는 느끼는 목소리로 대꾸를 하였다.

"그래도 요망을 피우네. 집의 늙은 어머니를 좀 생각해 봐라."

하면서 그자는 처녀를 모질게 끌어냈다.

"이 안된 놈아!"

잠자코 있던 '아라사'는 불끈 일어나서 다짜고짜로 궐자(그 사람)를
주먹으로 쥐어박아 그 자리에 쓰러뜨렸다.

예기치 않은 공격에 힘없이 쓰러진 그는 다시 일어나서 대적하였다.

'아라사'의 의분도 크니만큼 그 사내의 위세도 험상궂으니만큼 두 사람의 싸움은 맹렬하였다.

문밖에는 어느덧 사람의 파도를 이루었다. 잠들었던 각 방 사람이 때 아닌 밤 소동에 깨어나서 곤한 눈을 비비면서 모여들었다. 나중에는 사무원과 주임까지 사람을 헤치고 들어왔으나 그들 역시 어쩔 줄을 몰랐다.

싸움은 어우러졌다. 방 안 사람들도 가만히 보고 있지는 않았다. 같은 의분에 타오르는 수많은 주먹이 그 '못된 놈' '죽일 놈' 위에 날았다.

늦은 밤의 숙박소는 어지러웠다. 이 어지러운 사이에 휩쓸려 이 때까지 서 있던 호인의 그림자는 사라져 버렸다. 처녀의 자태도 금시에 보이지 않았다.

정신없이 싸우던 그들은 겨우 그런 줄을 알았다. 호인에게 끌려간 처녀를 생각하고 이 때까지 싸운 것이 물거품에 돌아간 것을 깨달았을 때에 '아라사'의 실망은 컸다. 전신 피투성이가 된 사내도 이 틈을 타서 슬금슬금 도망질을 쳐 버렸다.

이렇게 하여 쓸쓸하던 밤의 합숙소는 한바탕 끓어올랐던 것이다.

이 밤의 '아라사'와 처녀가 즉 이제 이 봉천행 열차 안의 호복한 청년과 캡 쓴 소년임은 다시 말할 것도 없다. 중대한 직무를 띤 관계상 하룻밤의 피신이 절대로 필요하여 일부러 궁벽한 합숙소를 찾아왔던 청년은 이렇게 하여 역시 마수를 피하여 은신하러 왔던 처녀와 알게 된 것이다.

열차는 힘차게 달리기 시작하였다. 복잡한 거리 옆에 기대선 청년은 한편 반가운 마음에도 의심쩍어서 소년에게 물었다.

"대체 호인 손에서는 어떻게 빠져나왔습니까?"

소년은 낮은 목소리로 전날 밤에 일어난 그 뒷일을 일일이 이야기하였다. 호인에게 끌려 거리에 나오자 돌연히 높은 고함을 질렀다는 것, 파도같이 모여드는 군중에 울면서 호소하였다는 것, 군중이 호인을 잡고 시비하는 동안에 사람의 틈을 빠져서 달아났다는 것을 자세히 이야기하고는 부끄러운 듯이 청년을 바라보면서

"그 뒤에 바로 가서 머리까지 깎아 버렸어요."

하더니 모자를 벗고 새빨간 머리를 드러내 보였다. 소년의 대담하고 용감스런 마음에 청년은 자못 놀랐다.

"아니, 그렇게 하고 대체 어떻게 할 작정이오?"

"멀리멀리 가 버리고 싶어요."

"늙은 어머님은 어떻게 하고요?"

"뵈이고는 싶으나 시골 가면 또 붙잡히고야 말 것입니다."

"……."

"서울도 위험하고 고향도 못 살 곳이라면 차라리 낯선 곳에 멀리멀리 가 버리는 것이 낫지요."

"그러나 잔약한 몸을 가지고 거친 세상에 정처없이 나가면 어떻게 한단 말요."

청년은 하도 딱해서 암담한 얼굴로 소년을 바라보면서 이렇게 말하였으나, 그것은 그렇게까지 결심한 소년에게는 아무 광명도 도움도 되지는 못하였다. 꽃 피고 배 익는 아름다운 삼천리 동산을 두고도 밀려나가고 쫓겨나가는 우리의 정경을 소년은 이미 '서울도 위험하고 고향도 못 살 곳'이라고 느꼈거늘 청년은 새삼스럽게 무엇이라고 말할 수 있었으랴.

요란한 열차 안에서 그들 사이에만은 침묵이 흘렀다.

열차는 열정을 가지고 달렸다. 잡도를 싣고, 생활을 싣고, 비극을 싣고 쉬지 않고 북으로 북으로 달렸다.

열차의 달리는 소리에 귀기울인 청년의 마음속은 소년의 생각으로 가득하였다. 잔약한 처녀가 거친 세상에 길 떠난다. 의기는 용감스럽고 사랑스러우나 결국 파도의 아가리에 넘어가 버릴 잔약한 수부일 것이다. 그나 어린 수부는 배 떠나기 전에 건져야 한다. 그러나 그렇게 생각하는 내 자신도 일각 후의 운명을 헤아리지 못하는 위험한 몸이다. 무슨 힘으로 그를 건질 수 있을까……. 여기까지 생각하여 왔을 때에 청년의 마음은 슬펐다. 자기 자신의 무력을 분개도 하였다. 결국은 늘 다다르는 결론 '나가자, 일하자!'에까지 이르자 수많은 군중의 잡도를 뚫고 무섭게 빛나는 '시골뜨기'의 시선이 돌연히 청년의 눈과 부딪쳤다. 청년은 깜짝 놀랐다. 그는 겨우 소년의 생각으로 하여 잊어버렸던 자기의 중대한 직무와 책임에 깨어났다. 이동 경찰의 그물은 물샐틈없이 풀려 있었다. 그 그물을 뚫고 나가지 않으면 안 될 그의 책임이 천근같이 무겁게 의식되었다.

샤오멘이 위에 챵이를 입고 그 위에 샤오콰, 다시 그 위에 마콰, 이렇게 여러 겹으로 깜쪽같이 차린 호복도 끊임없이 빛나는 수많은 눈앞에는 오히려 안전을 보증하지는 못할 것 같았다. 그의 손은 무의식적으로 쇼마의 구대(주머니) 속으로 갔다. 그 속에는 중대한 서류와 만일의 경우에 몸을 막아야 할 ……가 들어 있었던 것이다. 손아귀에 보듯이 드는 무기의 감촉은 산뜻하고 신선하였다.

구대 속에서 손을 빼고 어두운 창밖을 향하였던 몸을 이쪽으로 돌리자, 청년의 시선은 이쪽을 노리던 독사 같은 눈과 또 마주쳤다. 그는 불의에 소스라쳤다. 작달막한 시골뜨기의 그 날카로운 시선이 점점 불안하여 왔다.

그는 우울한 마음에 소년을 그 자리에 앉혀 놓고 문을 열고 갑판 위로 나갔다. 그러나 거기에도 사람은 그득하였다. 그 사이로 괴상한 눈이 역시 빛났다.

다시 자리로 돌아왔다. 열차의 속력은 차차 줄어지더니 기적을 울리면서 정거장에 들어갔다. 오르고 내리는 사람으로 차 안은 동요하였다. 시골뜨기들도 각각 내리고 새것과 교체하였다. 그럴 때마다 청년은 안도와 불안의 모순된 이 두 가지 감정을 동시에 느꼈다.

내릴 것은 내리고 실을 것은 실은 뒤 차는 다시 움직이기 시작하였다. 차 안은 여전히 혼잡하였다.

청년은 감았던 눈을 가늘게 뜨고 검은 안경 밑으로 저편 구석을 바라보자! 아까의 그 독사 같은 눈과 또 마주쳐 버렸다. 가슴이 뭉클하였다. 손이 또다시 무의식적으로 구대 속에 들어갔다.

그는 벌떡 자리를 일어나서 소년에게로 갔다. 피곤함인지 무엇을 생각함인지 자리에 깊이 묻혀 눈을 감고 있던 소년은 청년의 목소리에 눈을 번쩍 떴다.

"여기 있는 것이 불안한 듯하니 식당차로 갑시다."

청년은 소년을 데리고 객차를 두엇 거쳐서 식당차로 갔다.

텅 빈 식당차는 조용하고 시원하였다. 소년에게는 차와 먹을 것을 시켜 주고 그는 우울한 마음에 맥주를 들이켰다. 주기는 전신에 돌았으나 정신은 더욱 맑아졌다. 그의 맑은 정신에는 새삼스럽게 현재가 또렷이 내어다보였다. 불안한 밤 열차, 소년과 자기——자연의 성을 감추지 '않으면 안 되는' 소년, 국적을 감추지 '않으면 안 되는' 자기——를 응시할 때에 그는 마음이 아팠다. 더구나 살풍경한 양복 쪼가리에 천부의 성을 가리고 그 위에 떳떳한 용모까지 이지러뜨려 버리지 '않으면 안 된' 처녀를 바라볼 때에는 자기의 누이동생과도 같은 어린 그에게 대하여 눈물을 금할 수 없었다. 누이동생이라면 그에게도 소년과 같은 누이동생이 있었고 소년에게도 청년과 같은 오빠가 있기는 있었다. 청년은 문득 오래간만에 누이 생각이 났다. 그는 오래 전에 죽었다. 굶고 병들어 죽었던 것이다. 주사 한 대면 훌륭히 살릴 것을 그것도 못 해 준 그였다. 그 생각을 하면 가슴이 아프고 뼈가 저렸다. 그는 한갓 굳은 결심으로 그 아픈 가슴, 저린 뼈를 억제하여 왔던 것이다.

창밖에 어둠은 깊고 식당차는 경쾌히 흔들렸다.

맥주와 생각에 취하였던 그는 그 옆 테이블에 진치고 앉은 두 사람의 새 손을 겨우 발견하였다. 매섭게 이쪽을 노리는 눈, 낯익은 눈이다.── 아까부터 그를 쫓는 무서운 눈이었다. 이 지긋지긋한 시골뜨기의 출현은 마치 위고의 자벨의 출현과도 같이 청년을 위협하였다.

그래도 청년은 태연하고 침착을 잃지는 않았다. 그러나 그 자리에 오래 버티고 있는 것이 불리함을 깨달았을 때에 그는 소년을 이끌고 그 자리를 일어섰다.

불현듯이 그의 어깨를 탁 잡는 것이 있었다. 그리고 그의 앞을 탁 막는 것은 그 시골뜨기였다. 청년은 뭉클하였으나 자약하게 앞을 뿌리치고 나가려고 하였다. 그러나 그들은 청년의 팔을 붙잡았다.

'일은 일어나고야 말았구나.'

그는 펀뜻 느끼자 있는 대로의 용기와 힘을 다 내었다. 이렇게 된 이상 해 볼 대로는 해 봐야 할 것이다, 하고 이를 꽉 물었다. 그의 앞에는 벌써 아무것도 없었다. 힘차게 발을 뻗치고 쏜살같이 문께로 향하였다. 그들도 부리나케 뒤를 쫓았다.

별안간 불이 탁 꺼지고 식당차는 암흑으로 변하였다.

영문을 모르는 소년은 한편 구석에서 숨을 죽이고 소스라쳤다.

캄캄한 어둠 속에서 살 부딪치는 소리가 났다. 넘어지는 소리가 났다. 옷 찢어지는 소리가 났다. 가쁜 숨소리가 들렸다. 비명이 올랐다.

탁자가 쓰러졌다. 병과 잔이 깨뜨려졌다. 산산이 부서지는 유리 조각이 어둠 속에 희끗희끗 날렸다. 다시 비명이 오르고 호각 소리가 울렸다.

열차는 자꾸 달렸다. 레일 위에 나는 바퀴 소리는 호각 소리를 집어삼켜 버렸다.

돌연히! 차 안의 어둠을 뚫고 찰나의 불꽃이 번쩍였다. 창이 깨뜨려지고 유리 조각이 날았다. 화약 연기가 피어올랐다. 총성이 어둠 속에 진동하였다.

열차는 달리고 밤은 어두웠다.

두 번째 총성이 어둠을 깨뜨렸다.

사람의 비명이 오르고 자리에 쓰러지는 소리가 났다.

세 번째의 총성이 또다시 차 안에 진동치자 한편 구석에서 공포에 떨고 있던 소년은 문득 숨찬 청년의 목소리를 단 한 마디 귀 밑에 들었다.

"언제든지 또다시 만납시다!"

식당차의 문이 열리면서 날쌘 사람의 그림자가 밖으로 번개같이 사라져 버렸다. 폭풍우는 지나갔다. 어둠 속은 다시 고요하였다.

역시 한편 구석에 오므라져 있던 보이들은 무시무시 떨면서 서두르기 시작하였다. 스위치를 트니 차 안은 다시 밝아졌다. 지긋지긋한 수라장이었다. 쓰러진 탁자, 부서진 의자, 흩어진 유리 조각, 깨뜨려진 창, 찢어진 옷 조각, 바닥에는 피가 임리하였고 그 속에 코를 박고 두 사람의 사내가 끔찍하게 쓰러져 있었다. 그것이 청년이 아님을 알았을 때에 소년은 무서운 가운데에도 안심되었다. 그러나 대체 그는 어디로 갔나? 소년은 청년의 그림자를 찾아서 밖으로 나갔다.

열차 안은 요란하였다. 사람들은 이 무서운 사건에 전율하고 수군거렸다.

식당차는 발끈 뒤집혔다. 기수가 뛰어오고 차장이 달려왔다. 시골뜨

기들이 몰려들고 보이들이 심문을 당하였다.

객차와 객차의 길은 끊기고 찻간이란 찻간은 물샐틈없이 수색되었다. 그러나 청년의 그림자는 핑궈먹은 자리요, 그의 종적은 묘연하였다.

객차의 자리로 돌아와 밤 깊은 창밖을 바라보는 소년의 가슴속은 괴상한 청년의 생각으로 그득하였다. 그에게는 퍽도 친절하였다. 의리가 밝았다. 의협이 불같이 탔다. 얼굴은 엄숙하였다. 힘이 장사요 용기는 맹호 같았다.

이 괴상한 청년을 생각하는 소년에게는 문득 오랫동안 잊었던 그의 오빠의 생각이 떠올랐다. 그 역시 색다른 옷도 입고 급할 때에는 코밑에 수염도 붙여 보았다. 눈 날리는 북극에 가서 얼어도 보고 요란한 중국에 가서 연설도 하였다. 아라사도 갔었고 옥에도 가 보고 서울서 도망질도 쳐 보았다. 그러다가 지금에는 죽었는지 살았는지 여러 해 동안 자취가 아득하였다.

풍설에 의하면 브라질에 갔다는 말도 있고 혹은 인도에 갔다는 사람도 있고 다시 아라사에 갔다는 소문도 들렸다. 그러나 어느 말이 옳은지 하나도 걷잡을 수는 없었다. 그 오빠의 생각이 불현듯이 소년의 가슴에 떠올랐던 것이다. 그 오빠가 지금 고향에 있었더라면 자기의 이러한 비극도 일어나지는 않았을 것이다, 하고 생각할 때 소년의 눈은 뜨거워졌다.

그는 다시 오빠와 청년을 비교하여 보았다. 기상이라든지 용기라든지 그들은 어쩌면 그리도 똑같은가. 그 청년이 지금 나의 오빠라면 오죽이나 기쁠까. 그러나 그는 어디론지 사라져 버렸다. 늠름하고 훌륭한 그들이 왜 싸우고 피하고 쫓기고 사라지지 않으면 안 되는가?——어렸을 때에 이야기 잘 하던 오빠 밑에서 자라난 소년은 이제 와서 똑바로 그 무엇을 파악하였다.

기차는 여전히 달렸다.

차 안은 아직도 소란하고 수물거렸다. 시골뜨기들의 눈은 더한층 반짝였다.

그러나 그것이 소년에게는 한없이 어리석게 보였다. 지혜 있는 청년, 비호 같은 청년은 이미 감쪽같이 종적을 감춰 버린 뒤이다. 그는 지금에는 벌써 다른 곳에서 다른 길을 뚫고 나갈 것이다.

'아무쪼록 조심해 잘 나가세요.'

소년은 마음속으로 청년의 앞길을 축복하여 주었다. 그리고 "언제든지 또다시 만납시다!" 하던 청년의 말소리를 생각한 그는

'그 동안에는 나도 배우고 알아서 다시 만날 때에는 그와 같이 손을 잡고 일할 만한 훌륭한 나의 자태를 보여 주자!'

하고 처녀답지 않은 용감스런 결심을 마음속에 굳게 맺었다.

어둠을 뚫고 열차는 맥진하였다.

어둠의 거리는 각각으로 줄어 갔다.

밤은 어느덧 새벽을 바라보았다.

새 아침을 향하여 맹렬히 달리는 수레바퀴의 우렁찬 음향, 그것은 위대한 행진곡같이 소년의 핏속에 울려 왔다.

기　우

　계순이와 나와는 그의 평생에 세 번의 해후를 가졌었으니 불과 7년을 두고 일어난 이 세 번의 기우, 그 때마다 그의 생활은 어떻게 변천하였으며 그의 운명은 어떻게 전개되었던가. 이 세 번의 기우는 다만 파란 많은 그의 생애의 세 단면을 보여 줌에 지나지 아니하나 이것으로써 능히 그의 기구한 일생을 엿볼 수 있다.

　세 번의 기우가 일어났을 만큼 그와 나와의 사이에 그 어떤 기연의 실마리를 생각하지 않을 수 없는 나로서는 그의 박명한 생애를 한없이 슬퍼하고 그를 생각할 때마다 가슴속에는 크나큰 울분과 무서운 결심이 항상 새로워진다.

　다음에 나는 이 세 번의 기우를 순서대로 기록하려 한다. 아무 연락 없는 무미한 세 조각의 단편이 될지라도 그것은 나의 죄가 아니라 인생을 항상 그렇게 꾸며 놓는 '우주의 의지(?)'의 죄일 것이다.

1

　8년 전이었다.

　당시에 나는 우연한 관계로 어떤 괴상한 노파와 알게 되었다. 넓은 장안 천지에는 생활의 어두운 이면에 무수히 잠겨 그들의 독특한 수단으로 생활을 도모하여 가는 계급이 있으니, 그들은 침침한 어둠 속에 있어서 화려한 꽃피우며 아울러 그들의 실생활을 도모하여 가는 늙은 '나비'의 무리이다. 나와 알게 된 노파도 말하자면 이러한 무리의 한 사람이었다.

노파와 나와의 사이에는 어떤 '상업적' 약속이 있어서 그의 연출할 '나비'의 역할에 대하여 나는 이미 그의 요구하는 상당한 보수까지 치러 준 터이었다. 그는 그의 역할의 일보로 나를 약속한 곳으로 이끌고 갔다. 거기에서 나는, 아직 알지 못하는 꽃을 선보려는 것이었다.

"만나보시우만 사람은 그만하면 괜찮습니다. 학교 공부 했겄다 속 잘 쓰겄다 생김생김도 숭글숭글 하것다 살림살이에야 아주 맞춰 놓았지머……. 자꾸 인물만 찾으시니 어데 그렇게 붓으로 그려 논 듯한 일색이 있단 말유. 두고 보시우만 여자는 그래두 뭐니뭐니해도 살림살이가 첫째라우."

약간 허리 굽은 노파는 앞장을 서서 길을 인도하면서 이 늘 하는 소리를 몇 번이나 되풀이하였다.

"게다가 또 숫색시요 영어·일어가 능란하구……."

큰거리에서 뒷골목으로 들어서고 뒷골목에서 다시 좁은 골목으로 구부러져 이렇게 지껄이는 동안에 어느덧 세 가닥진 골목 조그만 반찬가게 앞까지 오자 노파는 발을 머물렀다. 바로 그 집이 목적하고 온 집이었다. 가게에 아무도 없음을 깨닫자 노파는 뒤로 돌아가 조그만 대문 앞에 이르렀다. 다 쓰러져 가는 초옥이었다. 문패의 글자조차 알아보지 못할 만큼 그슬린 집이었다. 그러나 나는 아직도 가슴속에 예상한 아름다운 꿈을 버리지는 않았다.

깊은 바다 진흙 속에 항상 진주는 잠겨 있는 법이다. 이 다 그슬린 초옥 안에 얼마나…… 녹은 '진주'가 숨어 있을 것인가.

순쉽게 대문을 열더니 노파는 서슴지 않고 안으로 들어갔다. 그러나 아름다운 꿈과 가벼운 수치의 생각으로 자못 흥분된 나는 그리 쉽사리 들어서지도 못하고 문밖에 서서 한참 주저주저하였다.

무슨 담판이 그리 잦은지 꽤 오랫동안을 지체시킨 다음에야 겨우 노파는 나와서 웃음과 눈짓으로 나를 맞아들였다. 처음 겪는 터이라 퍽도 열없어서 주저하고 있으려니 노파는 나의 손목을 잡아끌었다.

얕은 지붕, 헐어진 벽, 찢어진 문, 무너진 장독대――모든 것에 쇠퇴와 파멸의 빛이 역력히 드러나보였다.

조그만 반찬가게를 경영하여 가지고 각각으로 기울어져 가는 살림을 간신히 끌어 가는 듯한 그 집의 형편이 첫눈에 똑똑히 짐작되었다.

그러나 그것은 아무래도 좋았다. 나의 목적하고 온 바는 그 속에 숨은 아름다운 '진주'에 있었으니까.

빨래할 옷가지로 구저분히 널어 놓은 마루를 주섬주섬 치우더니 노파는 나에게 앉기를 권하였다. 마루 끝에 허리를 걸치고 한참이나 기다리고 있어도 아름다운 '진주'는 어느 구석에 묻혔는지 속히 나오지도 않았다.

"무얼 그러우, 시체 양반이…… 기다리는데 얼른 나오구려."

초조한 나의 마음을 예민히 살핀 노파는 안방을 향하여 이렇게 소리쳤다.

"어이구, 저렇게 수줍어하면서 학교는 어떻게 댕겼누."

또 한 번 노파가 외치면서 껄껄 웃자 안방문이 가볍게 열리며 사뿐히 걸어나오는 것이었다.

'이것이다!'

하고 직각하자 가슴속은 알 수 없이 수물거렸다. 그러나 결국 보아야 할 것이매 나는 용기를 다하여 얼굴을 들어 그를 쳐다보았다.

찰나의 죽음이 있었다. 그 찰나가 지나자 놀람, 의혹, 동요의 회오리 바람이 불었다.

그 회오리바람이 지나자 계순이……! 나에게는 겨우 바른 의식이 돌아왔다.

'계순이!'

그는 갈데없는 계순이었다.

역시 나를 똑바로 인식한 그의 얼굴에는 놀람인지 기쁨인지 슬픔인지 복잡한 표정이 흘렀다. 그는 마침내 고개를 숙여 버렸다…….

이것이 최초의 기우였으니 이 기우까지에는 약 3년의 과거가 있었다…….

그 3년 전의 당시.

낙원동 네거리에 넓은 간판 달린 한 채의 와가가 있었으니 장안에서 손꼽는 큰 여관이었다. 당시 일개의 서생인 나는 이 하숙을 겸한 여관에 기숙하고 있었다.

이 번잡한 집 안에 고이고이 자라나는 한송이의 꽃이 있었다. 이것이 곧 주인의 딸 계순이었다. 날마다 수십 명의 여객이 드나들고 십여 명의 학생이 뒤끓는 이 여관 안에서 그만은 맑게 자라났다.

그러나 공부가 점점 차 가고 나이가 바야흐로 익어 감에 주인은 은근히 그의 배우를 물색하기 시작하였다.

이러는 즈음 무엇이 눈에 들었든지 간에 수많은 사람 가운데에서 그는 나를 가장 많이 마음속에 두었다. 그래서 차차 나는 그와도 알게 되고 사귀게도 되었다.

마침내 그의 어머니는 그에게 영어책을 들려서 나의 방에 보내게 되었었다. 사쿠라(벚꽃)가 필 때엔 창경원에 동반하였고, 달이 밝으면 고

요한 마루까지 우리에게 치워 주었다.

그러나 어쩐 일인지 나의 마음은 타오르지 않았다. 첫 순간에 타오르지 않더라도 차차 때가 가면 타는 수가 있으되, 이것은 달이 가고 해가 넘어도 종시 타오르지 않았다. 나의 마음은 끝끝내 맑고 굳었다. 그쪽에서 적극적으로 나오면 나올수록 나의 태도는 진중하고 소극적이었다. 말하자면 그만큼 그에게는 나의 열정에 불을 지를 아무것도 없었던 것이다. 타지 않는 곳에는 장난도 있을 수 없거늘 하물며 사랑이야. 나도 그 집을 떠남에 피차의 안전과 해방을 느꼈다.

이 때로부터 첫 기우에 이르기까지의 긴 동안 도무지 그를 만나지 못하였다. 떠난 후 월여에 그 집을 찾았을 때에는 이미 그들은 어디론지 떠나 버린 뒤였고, 여관은 다른 이의 소유 밑에서 경영되어 나갔었다. 물론 그 후 다시 찾으려는 노력도 필요도 없었거니와 약 3년 동안 그들의 종적은 묘연하였다. 나중에는 계순이라는 이름까지 나의 기억 속에 희미하여 갔었던 것이다.

한참 동안이나 숙였던 고개를 들었을 때에 계순의 볼에는 두 줄의 눈물이 빛났다. 나를 쳐다보는 그의 젖은 눈은 원망하는 듯도 하고 호소하는 듯도 하였다.

나는 그를 똑바로 바라볼 수 없었다. 푹 빠진 눈, 툭 꺼진 볼, 수십 칸의 와가가 단칸의 초옥으로 변한 것과 같이 팽팽하던 전날의 용모는 여지없이 이지러져 버렸다.

끝까지 지조는 굳었고 마음속에 한 점의 홀린 흔적도 없었던 나였지만, 그의 이지러진 자태와 호소하는 듯한 눈물을 대할 때에는 약간의 가책과 미안을 느끼지 않을 수 없었다.

한참 동안은 멍멍히 할 말조차 몰랐다.

"그러면 벌써들 이렇게 되셨군요."

기대치 아니한 돌연한 연극에 적지않이 당혹한 노파는 이렇게 침묵을 깨뜨렸다.

"그러면 그렇지 시체 양반들이 지금까지 가만히 있을 수 있나……. 찬찬히 앉아서 쌓였던 회포들이나 마음껏 풀어 보시우."

하고 노파는 한걸음 먼저 나가 버렸다. 노파의 아첨하는 어조가 지금 와서는 심히 불쾌한 것이었다. 그리고 계순이에게 대하여서는 이렇게 노파를 따라온 내 자신을 한없이 부끄러워하였다.

그러나 이왕 한걸음 들여놓은 이상 그들의 현재에 이른 곡절이 궁금하였다. 불과 수년 동안에 수십 칸의 와가가 일 칸의 초옥으로 변하고, 장안에서 손꼽던 여관이 뒷골목의 조그만 반찬가게로 변하고, 금지옥엽같이 귀여워하던 딸의 처지를 알지 못할 이상한 노파의 손에 맡기게 되었다는 것은 너무도 큰 변화이었다. 나는 이 모든 것을 알고자 하였다.

"어머니는 어디 가셨어요?"

겨우 입을 열어 그에게 묻자 방에 있던 그의 어머니는 미안한 듯이 문을 열고 나왔다.

"이게 웬일이오!"

너무도 의외의 해후에 그 역시 놀랐었다. 나는 묵묵히 반가운 마음을 표하고는 뒤미처 물었다.

"대체 어떻게 된 곡절입니까?"

감개무량한 듯이 길게 한숨 쉬는 그의 표정은 자못 어두운 듯도 하였고, 어느덧 주름 많이 잡힌 그의 얼굴은 부끄러운 마음에 약간 붉어지는 듯도 하였다. 그러나 그의 대답은 극히 간단하였다.

……원래 부채가 많았었다. 그 위에 장사에 서투른 그들이라 경영하는 여관에서도 별로 이가 없었고 갚을 수 없는 부채는 점점 늘어 갔다.

무서운 채귀의 독촉은 날로 심하였고 나중에는 별도리 없는 그들은 결국 여관집까지 차압을 당하고야 말았다. 새파란 목숨을 끊을 수 없는 이상 목숨 붙어 있는 동안까지는 살아야 하는지라 할수할수없이 일 칸 초옥을 얻어 가지고 그 애달픈 그날 그날의 생활을 이어 가는 것이었다…….

너무도 단순하고 평범한 이야기였으나 그의 엄숙하고 감개 많은 어조는 무서운 진실성을 가지고 뼛속까지 젖어 오는 듯하였다. 흔히 있는 평범한 사실이지만 그것을 살과 피를 가지고 실지로 과정하여 온 그들에게는 결코 평범하고 단순한 것이 아닐 것이다. 그들의 영락한 자태가 이것을 말하였다.

"그래서 그저 살림이구말구 죽지 못하니 살아가지요."

암담한 그의 어조에는 호화롭던 전날의 그림자는 한 점도 찾아볼 수 없었다.

조만간 필경은 몰락하여 가고야 마는 저들의 운명을 그들은 한걸음 먼저 걸었을 뿐이었다마는 그들의 삽시간의 몰락에는 또한 놀라지 않을 수 없었다.

"저 애나 얼른 임자를 찾아 줘야, 우리야 이대로 살아가든지 어떻게 하든지 할 터인데."

이야기가 계순의 일신상으로 떨어졌을 때에 나는 괴로웠다. 될 수 있는 대로 그의 일에는 접촉하고 싶지 않은 나는 다만 침묵할 따름이었따.

"나이는 차 가고 궁한 살림에 집에만 붙어 있어야 별수 없고……."

딱한 일이었다. 그러나 모든 것에 아무리 동정한다 하더라도 이 일만은 난들 어떻게 하랴. 과거에 있어서 이미 싸늘하던 나의 마음이 이제 와서 새로이 끓어오를 리는 만무하였다.

다만 전날에 있어서 두 사람의 거리가 가까웠던 것이 불행하였고 이제 와서 또다시 그들의 현재를 알게 된 것만 실책이었다. 첫째로는 노파가 미웠고 다시 한층 내 자신이 비루하게 보였다.

"오래간만에 뵈니 이렇게 반가울 덴 없구려!"

그의 어머니는 모처럼 찾아온 나에게서 그 무슨 암시라도 얻으려는 듯하였다. 그러나 더 깊이 들어가기를 두려워하는 나는 한시라도 속히 그 자리를 떠나고 싶었다. 마침내 선명한 태도로 그 자리를 일어서려고 했다.

별안간 안방 문이 거칠게 열리더니 한 사람의 사나이가 문득 마루에 나섰다. 전에 본 적이 없던 초면의 사나이였다. 약간 상기된 듯한 그 사나이는 어쩐지 나를 한참이나 노려보았다. 나는 나 스스로의 시선을 옮겨 버렸을 만큼 험상궂은 시선이었다. 그는 똑같은 억센 눈초리로 계순 어머니와 계순이를 차례로 노리더니 나중에 계순에게 무어라고 두어 마디 거칠게 끼어붓고는 맨머리바람으로 황망히 밖으로 나가 버렸다.

괴상한 사나이였다. 그의 험상스런 태도는 더욱 알지 못할 것이다. 무슨 까닭으로 초면의 나를 그렇게까지 노려보지 않으면 안 되었던가. 그 험상궂은 사나이와 처녀와 어머니가 어두운 안방에서 무엇을 계획하였던가. 생각 안하려 하면서도 나는 여기까지 어둡게 생각하지 않을 수 없었다.

"시골서 온 일가 사람이랍니다."

그의 어머니는 묻지도 않는 나에게 변명하는 듯이 이렇게 설명하였다. 그러나 나에게는 아무 변명도 필요치 않았다. 옳든지 그르든지 간에 나는 직각한 대로 믿을 수밖에는 없었다.

필연코 그 사나이에게도 나를 변명하기를 '시골서 온 일가 사람'이라고 하였을는지 모르니까.

그러나 그러면 그럴수록 나는 그 집을 떠남에 점점 몰락하여 가는 그 집안과 계순이의 장래를 한없이 슬퍼하였다.

2

3년 후——.

이 짧은 3년 동안 나의 생활에도 많은 변천이 있었으나 아직도 젊은 나의 마음은 퍽도 로맨틱하였다——고 하여도 그것은 참담하고 비장한 로맨티시즘이었다. 이 로맨틱한 마음에 항상 아름다운 꿈을 가슴에 품고 끊임없이 항구에서 항구로 옮아다녔다. 쉴새없이 꿈을 찾는 마음에 항구는 가장 매력 있는 곳이었다. 맑은 거리, 붉은 등불, 밝은 술집, 푸른 술, 젊은 계집——푸른 하늘, 기름진 바다, 그 위에 뜬 배, 아물아물한 수평선——이 모든 것이 무조건으로 좋았다.

새파란 바다 건너 저쪽 편에는——
새파란 아름다운 그 나라에는——

항상 무엇이 손짓하고 부르는 듯하였다. 아름다운 생각을 그편 하늘 멀리 날릴 때에 아물아물한 수평선은 어여쁜 처녀의 손짓과도 같았다. 그럴 때마다 배에다 꿈을 가득히 싣고 낮에는 바람에 돛대 달고 밤에는 달빛에 젖어 가며 쉬지 않고 먼 나라로 달아나고 싶은 충동을 금할 수 없었다.

이 아름다운 공상은 구체화하여 가서 필경은 실현되게까지 되었다 '방랑' 이라는 시적 개념에 취하였던 박 군과 나에게는 오래 전부터 계획하여 오던 '해삼위행' 을 마침내 단행할 날이 왔었던 것이다.

동해안의 어느 항구였다.

푸른 하늘은 건강히 빛나고 5월의 바다는 유심히도 파랬다. 그 위에 꿈꾸는 듯한 배 한 척, 그것이 우리를 싣고 떠날 배였다.

눈코 뜰 새 없이 바빠야 할 출범의 전날이었으나 단지 붉은 몸 하나로 굴러다니는 방랑의 객이라 3등 선표를 사서 주머니 속에 수습하니 우리의 항해의 준비는 그만이었다. 나머지의 반 일을 그 항구의 마지막 날을 우리는 우리를 보내는 김 군과 함께 항구의 술집에서 작별의 술을 나누기로 하였다.

앞으로 바다를 바라보고 높이 서 있는 조그마한 카페는 정하고도 고요하였다. 오리알빛 같은 벽, 진홍빛 커튼, 스탠드 위의 푸른 화초, 이 모든 것이 창으로 멀리 내다보이는 바다빛과 양기로운 조화를 띠고 있었다. 벽 위의 괘종이 2시를 땡땡 울리는 고요한 오후였다.

"술!"

창 옆에 진치고 앉은 우리는 알지 못하는 땅에 대한 꿈과 장래의 포부를 피로하여 가면서 술잔을 높이 들었다. 유리잔 부딪치는 소리가 옆에 앉은 계집아이의 가늘게 부르는 콧노래와 엎쳐서 고요한 카페 안에 반영하였다.

"흐르고 흘러서……." ——애조를 담뿍 띤 유랑의 한 곡조가 이상히도 방랑의 흥을 북돋았다. 흐르고 흘러서——이것이 그나 우리나 피차의 운명일 것이다. 북은 서백리아가 되든 남은 남양이 되든 흐르고 흘러서 안주할 바를 모르는 것이 곧 피차의 자태였다. 아직 길 떠나지 않은 우리는 이제 이 항구 이 술집에서 이미 바다 먼 해외에나 나간 듯한 이국 정서를 느꼈다.

계집아이는 심상치 않은 정서를 가지고 노래를 불렀다. 애수를 담뿍 담은 노랫가락은 면면히 흘렀다. 이제 이 고요한 술집 안에서는 모두들 제각각 자기들의 꿈을 꾸고 있었다. 노래 부르는 그 계집아이 노래에 귀를 기울이는 우리 세 사람, 그리고 아까부터 저편 창 기슭에 의지하여 시름없이 바다를 바라보고 있는 그 계집아이, 모두 흐르고 흐르는 자기 자신을 반성하는 듯이 순간 고요하였다.

"술이다!"

"잔 가득 부어라!"

모든 애수를 씻어 버리고 나는 늠름히 소리쳤다. 마치 '꿈을 죽여라. 행동이다!' 하는 듯이 늠름히 부르짖었다. 노래 부르던 계집아이는 또다시 붉은 입술에 웃음을 띠면서 술을 따랐다. 우리는 모든 감상을 극복하려는 듯이 함부로 술을 켰다. 가득히 부으면 한숨에 켜고, 켜고는 또 청하였다.

그러나 저편 창 기슭에 의지하여 시름없이 바다만 바라보고 있는 그에게 눈이 갈 때에는 알 수 없이 마음을 치는 것이 있었다. 직업을 떠난 그의 초연한 태도에는 술집 계집아이 아닌 품이 있었고, 뜨거운 석양을 담뿍 등지고 잠자코 바다만 바라보고 있는 그의 모양에는 그 무슨 깊은 것이 있었다. 옛 꿈에 잠겼는지 현재를 한탄하는지 미래를 응시하는지 바다 건너편을 생각하는지 그 곳의 사랑하는 이를 그리워하는지 시름없이 바다만 바라보는 그의 자태는 몹시도 애처로웠다. 나는 일어서서 그에게로 가 보고 싶은 충동까지 느꼈으나 고요한 그의 기분을 깨칠까 두려워하여 술 따르는 계집아이에게 물어보았다.

"유리 짱!"

하고 그가 건너편을 향하여 부르자 바다만 바라보고 있던 그는 손수건으로 고요히 눈물을 씻으면서 이쪽을 향하였다. 얼굴 모습은 똑똑히 안 보였으나 흐트러진 머리, 눈물이 이지러진 분기가 흐릿하게 보였다. 그는 이쪽에는 아무런 관심도 안 가지고 또다시 바다를 향하였다.

"아노히도이쓰데모, 나이데바까리이루노요(저 사람은 언제나 울기만 해요)."

다마짱은 이렇게 설명하였다. 그리고 그가 약 일주일 전에 이 카페에 왔다는 것, 카페의 여급으로는 처음이라는 것, 따라서 손님 접대에 능란치 못하다는 것, 그의 과거에 대하여서는 한 마디도 입을 열지 않는다는 것, 언제든지 혼자 눈물만 흘린다는 것…… 을 대충대충 추려서 이야기하였다.

그의 태도로 보나 이 이야기로 보나 센티멘털한 부르주아 소녀가 아닐 것임에 그 역시 남과 같은 밝은 인생을 살아오지 못하는 불행한 사람임을 짐작할 수 있었다. 어디로부터 흘러오고 장차는 어디로 흘러갈 슬픈 인생인가. 흐르고 흐르고…… 모두 똑같은 운명이로구나 하고 생각할 때에 서로 알지 못하는 그와 나와지만 나는 그에게로 기울어지는 한 조각의 마음을 어찌할 수 없었다. 멀리 방랑의 길을 떠나려는 이 마지막 날에 깊은 인생을 이해하는 듯한 그와 이야기라도 한 마디 건네 보고 싶었다.

"유리코 상!"

나는 마침내 그를 불렀다. 그러나 그는 여전히 명상에 잠겨 있을 뿐이었다. 대답을 못 얻은 나는 열없어서 그만 침묵하여 버렸다.

그러자 이 고요하던 카페는 새 손님을 맞아들이자 잔잔하던 공기를 깨뜨렸다. 정복한 일인 순사 한 사람과 형사인 듯한 사복한 사나이가 거칠게 문을 밀고 들어왔다. 정복 순사가 카페에 온다는 것은 어울리지 않고 하기에 나는 문득 우리 세 사람 위에 무슨 불행이나 일어나지 않을까 하는 좋지 못한 첫 느낌을 받았다. 벼르고 벼르던 '해삼위(블라디보스톡)행'이 또 깨어지나 보다 하는 불안에 떨었다.

"단나와도꼬다(어디로 갔지)?"

사복한 사나이는 이렇게 소리치더니 저 혼자 서슴지 않고 2층으로 올라갔다.

그는 방 안을 자세히 휘둘러보았다. 아무래도 일은 일어나고야 말 형세였다. 우리는 속히 그 자리를 떠나려 하였으나 일이 벌써 이렇게 된 이상 그것은 더욱 불리할 듯하였다. 꼼짝없이 가만히 앉아서 당할 일이 있으면 당할 수밖에는 없었다.

우리를 노리던 그는 그 시선을 건너편 유리코에게로 옮겼다. 그리고 한걸음 한걸음 그에게로 가까이 가더니 나중에 정신없이 생각에 잠겨 있는 그의 등을 쳤다.

유리코는 깜짝 놀라 그를 쳐다보더니 기절이나 할 듯이 두 팔로 얼굴을 가리고는 두어 걸음 뒤로 물러섰다. 그는 무엇인지 높이 소리치더니 거칠게 그를 붙들었다. 심히 놀란 듯한 유리코는 말없이 몸을 빼치려고 애썼다.

일을 당하는 것이 우리가 아니고 유리코라는 것을 알았을 때에 우리는 적지 않은 안도를 느꼈으나, 꿈꾸는 듯한 유리코에게 불행이 닥쳐오는 것을 볼 때에는 미안하고도 애처로웠다.

몸을 빼치려고 무수히 애쓰던 유리코는 기진맥진하여 그 자리에 쓰러져 버렸다. ……(3행 생략)…….

별안간 막았던 보나 터지는 듯이 높은 울음소리가 유리코의 심장에서 터져나왔다. 애를 못 이기고 설움을 못 이기는 듯한 울음소리였다.

나는 곧 일어나서……(1행 생략)…….

그러나 그것도 쓸데없는 무력한 의분에 지나지 못함을 깨달았을 때에 나는 애달팠다.

2층에 올라갔던 사복한 사람이 황망히 내려왔다. 그의 뒤에는 단나와 오카미상인 듯한 두 양주가 공손히 따라 내려왔다. 그들은 두 양주에게 무어라고 이르더니 쓰러진 유리코를 잡아 일켰다.

"사, 있쇼니 유꾼다(자, 같이 가자)!"

필연코 밀매를 하였거나 돈 많은 손님을 집어먹었거나 하였으리라고 생각하였다.

싫다고 발버둥치는 유리코를 그들은 그 옷 입은 그대로 흩어진 머리 그대로 눈물에 젖은 얼굴 그대로 그를 끌어냈다.

눈물에 젖은 그의 얼굴! 나는 이제야 그를 똑똑히 보았다. 나의 시선은 잠시간 그의 얼굴에 못 박았었다. 그리고 두 번째의 찰나의 죽음!이 있었고 놀람과 동요의 회오리바람이 불었다. 유리코——그는 두말 할 것도 없이 계순이었다. 기모노를 입은 계순이었다.

나는 그에게로 달려들어 나라는 것을 알리고 싶었다. 그러나 벌써 그는 문 밖까지 끌려나간 뒤였다. 그 역시 나를 보지는 못하였다. 그것이 운명이었다.

폭풍우가 지난 뒤 같았다. 어떻게 하면 좋을지를 모르는 나는 잠시 술집 주부의 이야기에 귀를 기울였다.

그의 이야기에 의하면 유리코는 일주일 전에 서울서 도망온 여자였다. 집이 가난하여서 어떤 사나이에게 '팔려' 갔다가 난폭한 그 사나이에게 버림을 받자, 두 번째 ××××에게로 '팔려' 갔었다. 그러나 그가 징글징글하고 몹시도 싫어서 마침내 그 집을 벗어나서 멋대로 도망하여 왔던 것이다.

생각하지 말자, 접촉하지 말자 하던 계순의 운명에 또다시 이렇게 스친 것을 나는 슬퍼하였다. 무슨 몹쓸 운명의 장난인가.

계순의 애처로운 마지막 자태가 문득 눈앞에 떠올랐다. 나는 전에 없던 애착을 이제 새삼스럽게 느꼈다. 그리고 그의 집안에 대하여서도 생각났다. 3년 전에 보았던 그 집안은 지금 어떻게나 되었을 것인가. 뒷골목의 반찬가게 초가집, 그의 어머니 아버지, 나중에 단 하나의 외딸까지 이렇게 팔아먹게 된 그들의 몰락 과정이 눈앞에 역력히 비치는 듯하였다.

계순의 자태가 또다시 눈앞에 떠올랐다. 나의 정신은 혼란하였다. 나로서 어떻게 하였으면 좋을지를 몰랐다. 그의 뒤를 쫓아가 볼까. 그러나 무슨 소용이 있으리요. 그를 건지기에는 나는 너무도 무력하였다.

그리고 내일은 동무와 같이 해삼위로 떠날 날이다. 나는 미래에 대한 큰 뜻이 있다. 그 뜻을 위하여서는 나 갈 대로 나가지 않으면 안 되었다…… 다만 그에게 대하여서는 마음으로부터 미안한 생각을 억제할 수 없었다.

동무들에게 끌려 카페를 나와 저물어 가는 해안을 걸어가는 나의 마음속에는 우울의 구름장이 뭉게뭉게 피어올랐다.

3

바다와 항구와 거리를 헤매고 헤매고…… 나는 넓은 세상과 수많은 인간 생활을 활연히 해득하였다. 깃이 달린 심장에는 굳은 결심이 못 박혔다. 마침내 나는 새빨간 피의 전부를 바쳐서…… 몸을 던졌다. 여름도 차차 늙어 가는 작년 9월 ××총동맹의 위원의 한 사람인 나는 어떤 사건의 조사의 책임을 지고 하르빈까지 갔었다.

의외에도 일은 쉽게 끝나고 예정보다는 이틀의 여유가 있었다. 동지 박 군과도 오래간만에 만났고 나에게 하르빈은 처음 길이기도 하기에 나는 박 군의 안내를 따라 하르빈의 사생활을 자세히 구경할 생각이었다.

그래서 마침내 나는 크고 작은 거리거리도 구경하고 노서아 사람 많이 사는 유명한 키타야스카야의 거리의 마굴도 엿보았다. 보드카에 취하여도 보고 아름다운 얼굴을 가진 계집 소냐도 알았다.(소냐의 이야기는 여기에서 나오지 않는다).

밤의 하르빈은 더 한층 아름다운 도회였다. 깊은 어둠 속에 총총히 박힌 무수한 등불이 하늘의 별과 연하여 보였다. 그날 밤에도 박 군과 헤어진 나는 보드카의 취흥을 못 이겨서 시원한 바람을 쐬면서 승가리 연안을 걸었다. 아름다운 하르빈의 야경과 승가리 강을 불어 건너오는 싸늘한 바람에 무상의 쾌감을 느끼던 나는 강 연안을 거닐면서 한 걸음 두 걸음 조그만 중국 사람 거리로 발을 옮겨 놓았다.

얕은 집, 수많은 노점, 바퀴 적은 수레, 불유쾌한 취기……. 어느덧 나는 강 연안을 벗어져 나서 중국인 거리의 복판까지 들어갔었다. 야경은 해삼위보다 낫고, 복잡하기는 상해에 어림없고, 아름답기는 청도에 몇 층 떨어지고, 번화하기는 서울의 몇 곱절이고……. 이렇게 막연히 하르빈을 비평하면서 취흥에 끌린 나는 그칠 바를 모르고 거리에서 거리로 몽유병자같이 자꾸 걸어 들어갔다.

그렇게 함부로 걷는 동안에 길을 어떻게 들었는지 나중에 나는 조그만 알지 못할 거리에까지 갔었다. 등불도 없고 인기척도 없는 어둡고 고요한 거리였다. 그 거리를 굽어서 더욱 작은 거리로 몇 칸 걸어가자 나는 지붕도 없고 처마도 없는 석유통같이 네모지게 짠 괴상한 집이 졸렬히 들어 있는 것을 발견하였다. 그 중 몇 집만은 문이 열려 있고 그 안에서 행길로 향하여 희미한 등불이 흘러나왔다.

흐릿한 정신에도 괴상한 느낌을 받았다.

'빈민굴이로구나!'

하고 나는 생각하였다. 세상에 도회치 고 빈민굴 없는 곳이 없다. 굉장한 돌집이 즐비하여 있는 그 반면에 반드시 쓰러져 가는 빈민굴이 숨어 있으니, 이 뼈저린 대조를 현재의 도회는 모두 보이고 있다. 하르빈의 빈민굴은 또한 어떠한 것인가를 보아 두어야 할 것이매, 나는 늘어 있는 집 앞으로 가까이 걸어갔다.

희미한 등불 흘러나오는 집 문간에까지 가까이 가 안을 흘낏 엿본 나는 그 자리에 장승같이 서 버리고 말았다.

그 속은 한 칸의 방이었다. 방 안에는 높직한 단이 있고 단 위에는 자리와 요가 펴져 있었다. 그 위에 젊은 중국 여자가 두 다리를 뻗고 음란히 앉아 있었다. 두 팔을 드러내 놓고 새파란 중국복에 싸인 젊은 여자였다.

그는 나를 보았는지 이쪽을 향하여 웃음을 던지면서 손짓을 하였다. 그러다가 나중에는 두 다리를 안으로 쪼그리고 두 팔로 옷을 걷어올리더니 발가벗은 하반신을 서슴지 않고 나타내 보였다. 백설 같은 현란한 감각에 현기를 느끼는 나는 정신없이 몽롱히 서 있었다. 그러는 동안에 어디서 나타났는지 두 사람의 거한이 비틀거림을 치면서 방 안으로 들어가더니 음란하게 여자에게로 달려들었다. 어느 결엔지 판장문이 덜컥 닫히고 문 잠그는 쇠소리가 들려왔다.

'마굴이다!'

나는 그것이 빈민굴이 아니고 마굴임을 깨달았다. 전율할 만한 마굴, 그 속에서 어떤 무서운 죄악이 일어나는지도 생각할 새 없이 한 번 불지른 이상 타오르는 새빨간 관능의 불길에서 나는 벗어날래야 벗어날 수가 없었다. 아직까지도 몽롱히 서 있던 나는 부끄러운 말이지만 몇 칸 건너 역시 행길로 향하여 희미한 등불이 흘러나오는 그 곳으로 발을 옮겨 놓았다. 똑같은 소녀가 앉아 있었다. 새파란 옷, 흰 팔, 눈부신 감각…… 나는 아무것도 반성할 여유 없이 서슴지 않고 방 안으로 들어가 버렸다.

하룻밤에 몇 놈이나 거친 사나이에게 부대끼는지 젊은 중국 소녀는 피로할 대로 피로한 듯이 손님이 들어가도 머리를 들 생각도 하지 않고 나른히 앉아 있었다. 아까의 소녀와 같이 난잡한 추태도 지어 보이지는 않았다. 너무도 잠잠한 그의 태도에 나는 기가 빠졌다. 그러나 이왕 이렇게 들어온 이상 염치 불구하고 그의 옆에 가 주저앉으면서 전신을 그에게로 쏠렸다. 그리고 두 팔로 그의 목을 걸어, 졸고 있는 듯이 숙인 그의 얼굴을 번쩍 들었다.

"응?"

순간! 나의 전신은 화석하여 버린 듯하였다.

놀람, 의혹, 동요의 회오리바람이 세 번째 또 불었다.

그 회오리바람이 지나가자 그의 목에 걸었던 나의 두 팔은 힘없이 떨어져 버렸다.

눈의 착각이 아닌가 하여 나는 두 눈을 비비고 또다시 그를 쳐다보았다. 그러나 이미 주기(취기)조차 깨어 버린 나의 인식에는 한 점의 틀림도 없었다. 확실히 그였다.

무슨 괴이한 인연인가. 멀고 먼 외국의 밤, 낯모르는 도회의 어두운 이 한 귀퉁이에서 그를 또다시 이렇게 만날 줄야 꿈엔들 생각하였으랴. 거짓말 같은 이야기이다. 그러나 운명의 신은 항상 그런 괴이하고도 심술궂은 트릭을 좋아하는 얄미운 계집아이 같다.

"무슨 인연입니까, 네? 계순 씨!"

풀죽은 나의 목소리는 부드러웠다.

나를 힘있게 붙들었던 그는 말없이 나의 무릎에 얼굴을 파묻고 소리쳐 울 따름이었다.

어디서인지 돌연히 몇 사람의 거친 호인이 몰려 들어왔다. 코를 찌르는 고약한 냄새가 그들에게서 흘러왔다. 그들의 침입에 나는 적지않이 놀랐다.

"오늘 저녁 이 조선 계집애는 내 차지다."

그 중에 한 자가 술김에 똑똑지 못한 청어로 이렇게 지껄이면서 나를 무시하여 버리고, 쓰러져 있는 계순의 등을 잡아 일으켰다. 잇따라 또 한 놈이 비틀비틀 달려들었다.

나는 크나큰 모욕과 분노를 느꼈다. 그리고 계순이를 보호하여야 할 의무까지 느꼈다. 그 자리에 일어서서 아무 분별 없이 나는 그에게 달려드는 놈의 팔을 뿌리치고 주먹을 하나 안겼다.

세 놈은 무서운 기세를 가지고 일제히 나에게 달려들 형세이었다. 나 한 사람과 장대한 세 사람의 거한과 물론 나는 능히 당할 바가 아니었다. 계순이는 나의 팔을 붙들면서 말렸다. 그러자 문득 나는 뒤에 서 있는 장성같이 후리후리한 사나이를 발견하였다. 그런 속을 짐작하는 나는 눈치 빨리 주머니 속에서 집어 낸 몇 장의 지폐를 그 사나이의 손에 얼른 쥐어 주었다.

그 사나이는 나에게 만족한 듯한 웃음을 보이고 높이 호령을 하더니 세 놈을 밖으로 쫓아냈다. 그리고 자기도 문을 닫고 나가 버렸다.

우리는 겨우 안심하고 그 자리에 앉을 수 있었다. 안존한 마음으로 그렇게 대면하여 앉기는 낙원동 여관서의 작별 후 꼭 10년 만이었다. 나는 전무후무 처음으로 그의 손을 잡아 보았다. 그 역시 그의 생전 처음으로 나에게 몸을 의지하였다. 이제는 피차에 부끄러운 마음도 아무 것도 없었다. 산 설고 물 선 이역에 와 있는 외로운 두 개의 혼이었다. 우리는 벌써 살 파는 사람, 살 사러 들어온 사람은 아니었다.

그 경지를 초월한 두 개의 고결한 영혼이었다.

그에게 대하여 나는 이제 전에 없던 사랑을 느꼈다. 그러나 그것은 욕심 많은 한 개의 사나이로서의 사랑이 아니라 오빠나 어머니로서의 위대한 사랑이었다. 나는 오빠의 사랑을 가지고 그를 안았다. 그는 어머니에게나 안기는 듯이 나를 신뢰하였다. 외로운 땅에 와 어머니의 사랑

에도 많이 주렸을 것이다.

어머니, 어머니라면 대체 그의 어머니는 어떻게 되었을 것인가. 외딸을 이렇게 버려 놓고 망쳐 놓지 않으면 안 된 그의 어머니를 나는 물어보았다. 그의 눈에는 눈물이 새롭게 용솟음쳤다. 그리고 떨리는 목소리로 간신히 한 마디를 말하였다.

"죽었는지 살았는지도 몰라요."

"……."

그러면 대체 어떻게 되었단 말인가. 모를 노릇이다. 그러나 나는 더 물으려고도 하지 않았다. 그것보다도 한시라도 속히 둘이 이 자리를 벗어나야 할 것이다. 그를 그 이상 그대로 그 무서운 곳에 버려 둘 수는 없다. 어머니를 찾든지 새 생활을 도모하든지 어쩌든지 서울까지라도 같이 데리고 가야 할 것이다고 나는 결심하였다.

"자, 이대로라도 속히 나와 같이 갑시다."

"네? 가다니요!"

그는 놀라서 거절하였다. 그리고 마굴 안의 무서운 제도와 호인의 포악 무도한 제재를 대강 이야기하였다. 만약 들키면 두 사람의 생명이 위태하다는 것이었다. 그래도 나는 그를 설유하고 용기를 북돋워 주었다. 주인의 양해를 얻어서 요구하는 대가로 그의 몸을 빼내려고까지 계획하였을 때에 계순이는 감격의 눈물을 흘렸다. 그러나 한참이나 있다가 그는 극도의 절망한 태도로 서슴지 않고 두 팔을 걷어 보였다. 가련한 일이었다. 두 팔, 어깻죽지 할 것 없이 흰 살 위에는 무서운 자색 반점이 군데군데 솟아 있었다. 감염된 외국인의 독한 병독으로 하여 젊은 살이 점점 썩어 들어가는 것이었다.

나는 다시 놀랐다. 그러나 침착한 태도로 그를 위로하고 굳은 결심을 요구하였다. 그리고 내일 아침에 일찍이 상당한 액을 변통하여 가지고 와서 주인과 담판하여 모든 일을 결정하기로 굳게 약속하여 놓고 그 곳을 나왔다. 번잡하던 도회는 고요히 잠들고 이역의 밤은 깊었다. 취중에 정신없이 헤매던 거리지만 맑은 정신에는 극히 단순한 거리였다. 나는 손쉽게 거리거리를 빠져서 마침내 밤 이슥히 박 군의 숙소를 찾았다.

경성행을 하루 동안 연기하기로 하고 이튿날 아침 일찍이 나는 박 군의 호의로 상당한 금액을 수중에 차고 박 군과 같이 어젯밤 그 곳을 찾아갔다.

수면 부족으로 흐린 나의 머릿속에는 전날 밤 일이 마치 필름같이 전개되었다. 생각하고 생각하여도 계순의 이 때까지 운명이 너무도 참혹하였다. 그러나 생활이란 항상 '이로부터다'. 이로부터 사람답게 뜻 있게 살아간다면 그만 아닌가. 나는 모든 것을 억지로라도 밝게 생각하려 하였다.

승가리 강을 옆으로 끼고 어제 걷던 거리거리를 찬찬히 찾아 내려가면서 결국 그 곳까지 갔었다. 석유통같이 네모로 짠 집들, 그것은 낮에 보니 더 한층 참담한 것이었다. 그 속에 계순이가⋯⋯. 모두 거짓말 같았다. 그러나 그것이 거짓말이라면 오죽이나 좋으랴.

아직 문이 닫힌 집도 있고 열린 집도 있었다. 우리는 몇 집을 거쳐 놓고 그것인 듯 짐작되는 집 앞까지 가서 문을 열고 들어갔다.

좁은 방 안에 이삼 인의 호인이 들어서서 황망한 태도로 무엇인지 수군수군 의논하고 있었다. 우리의 들어감을 보고 그들은 깜짝 놀라 일제히 이쪽을 향하였다. 그 중의 후리후리한 사나이는 주인인 듯한 어젯밤의 그 사나이였다.

나는 그들을 헤치고 들어가서 무엇보다도 먼저 단 위의 계순이를 찾았다. 이불을 푹 쓰고 있는 그는 아직까지 잠자고 있는 듯하였다. 나는 단 위에 올라가서 그를 깨웠다. 후리후리한 사나이는 나를 붙들면서 만

류하는 듯하였다. 그것도 불구하고 나는 깨웠다. 흔들었다. 그러나 그의 잠은 너무도 깊이 들었었다. 너무도 깊이, 영원히 깊이……

　나는 황망하였다. 정신이 산란되었다. 다시 흔들고 흔들었으나 맥은 이미 끊어졌고 전신은 싸늘하였다. 해쓱한 얼굴을 들여다보았을 때에 나의 가슴은 무너지는 듯이 비통하였다.

　"계순이, 계순이!"

　뜨거운 눈물에 세상이 캄캄하여졌다.

　그칠 줄 모르고 쏟아지는 눈물 사이로 나는 그의 머리맡에 놓인 조그만 약병과 한 장의 글발을 발견하였다. 나에게 주는 유서였다. 눈물을 뿌려 가면서 나는 그것을 내려 읽었다.

　찬호 씨, 놀라지 마세요. 경솔하다고 책하지 마세요.

　저의 취할 길은 이밖에는 없었습니다. 이 몸을 가지고 어디 가서 무슨 새 생활을 꾸며 보겠습니까. 결국 일각일각 죽음을 기다려야 할 것이니 차라리 한시라도 속히 죽어 버리는 것이 편할 줄로 믿었습니다. 너무나도 고마운 생각에 죽어도 한이 없습니다. 이 밤에 저에게 보여 주신 고결한 사랑, 저는 마지막으로 사람답게 살았습니다.

　아무것도 한할 것이 없어요. 다만 세상은 저에게 너무도 쓰렸습니다. 어머니 아버지는 죽었는지도 모릅니다. 서울서 작별한 것이 마지막 작별이었습니다. 저보다도 더 불쌍한 이들예요. 이 낯선 땅에 와 있어도 그이들만은 한시도 잊은 적이 없었습니다. 죽은 뒤에 뼈나 추려 주세요. 그 뼈라도 어머니의 품에 돌아간다면 저에게는 더없는 기쁨이겠습니다.

계 순

쏟아지는 눈물을 나는 금할 수 없었다. 싸늘한 그의 얼굴을 들어 마지막으로 품에 안아 보았다. 그의 말도 옳기는 옳다마는 어젯밤에 약속까지 하여 놓고서 왜 이렇게 죽는단 말인가. 낯선 땅 이 한구석에서 이별한 지 오랜 아버지 어머니도 못 보고 반 오십의 젊은 청춘을 죽여 버린다는 것은 너무도 비참하였다.

나와 박 군과 세 사람의 호인은 그를 둘러싸고 앉아서 외로운 영을 위하여 묵도를 올렸다.

비통의 눈물은 참회의 눈물로 변하였다. 반은 나의 죄라고 할까. 그러나 반은 누구의 죄인가?

빌어먹을 놈의 ××이다. 어금니로 바작바작 씹고 씹고 또 씹어도 시원치 않을 놈의…… 이다. 나의 새빨간 심장에는 무서운 저주와 굳은 신념의 연륜이 또 한바퀴 새겨졌다.

이 새빨간 염통이 두 조각이 나는 한이 있더라도 그의 맺히고 맺힌 원한만은 풀어 주고야 말 것이다. 그의 영시 앞에 고개 숙이고 앉은 나는 마음속 깊이 그의 외로운 영혼과 맹세지었다.

깨뜨려지는 홍등

1

"여보세요."

"이야기가 있으니 이리 좀 오세요."

"잠깐 들어와 놀다 가세요."

"너무 히야까시 마시고 이리 좀 와요."

"아따, 들어오세요."

"여보세요."

"여보세요."

"여보세요."

......

저문 거리 붉은 등에 저녁 불이 무르녹기 시작할 때면 피를 말리고 목을 짜 내며 경칩에 개구리 떼같이 울고 외치던 이 소리가 이 청루에서는 벌써 들리지 않았고, 나비를 부르는 꽃들이 누 앞에 난만히 피지도 않았다.

'상품'의 매매와 흥정으로 그 어느 밤을 물론하고 이른 아침의 저자같이 외치고 들끓는 화려한 이 저자에서 이 누 앞만은 심히도 적막하였다.

문은 쓸쓸히 닫히었고 그 위에 걸린 홍등이 문 앞을 희미하게 비치고 있을 따름이다.

사시장청 어느 때를 두고든지 시들어 본 적 없는 이 곳이 이렇게 쓸쓸히 시들었을 적에는 반드시 심상치 않은 일이 일어났음이 틀림없었다.

2

몇백 원이나 몇천 원 계약에 팔려서 처음으로 이 지옥에 들어오면 너무도 기막힌 일에 무섭고 겁이 나서 몇 주일 동안은 눈물과 울음으로 세상이 어두웠다. 밤이 되어 손님을 맡아 가지고 제 방으로 들어갈 때에는 도살장으로 끌리는 양이었다. 너무도 겁이 나서 울고 몸부림을 하면 어떤 사람은 가여워서 그대로 가 버리고, 어떤 사람은 소리를 치고 주인을 부르고 포악을 부렸다. 그러면 주인이 쫓아와서 사정없이 매질하였다. 눈물과 공포와 매질에 차차 길든다 하더라도 일 년 열두 달 하루도 안 내놓고 밤새도록 부대끼고 나면 몸은 점점 피곤하여 가서, 나중에는 도저히 체력을 지탱하여 갈 수 없었다. 그러나 병이 들어 누웠을 때면은 미음 한 술은커녕 약 한 첩 안 대려 주었다.——몸 팔고 매 맞고……학대받고 개나 도야지에도 떨어지는 생활을 그들은 하여 왔던 것이다.

사람으로서의 대접을 못 받아 오는 그들이 불평을 품고 별러 온 지는 이미 오래었다. 학대받으면 받을수록 원은 맺혀 가고 분은 자라 갔다. 비록 그들의 원과 분이 어떤 같은 목표를 향하여 통일은 되지 못하였을 망정 여덟 사람이면 여덟 사람 억울한 심사와 한많은 감정만은 똑같이 가졌던 것이다.

유심히도 피곤한 날이었다.

오정 때쯤은 되어서 아침들을 마치고 나른한 몸으로 층 아래 넓은 방에 모였을 때에 누구의 입에선지 이런 탄식이 새어나왔다.

"우리가 왜 이렇게 고생을 하는가."

말할 기맥조차 없는 듯이 모두 잠자코 있는 가운데에 봉선이라는 좀 나이 어린 창기가 뛰어나오며 말하였다.

"너나 내나 팔자가 기박해서 그렇지 않으냐? 그야 남처럼 버젓한 남편을 섬겨서 아들딸 낳고 잘살고 싶은 생각이야 누가 없겠니마는 타고난 팔자가 기박한 것을 어떻게 하니."

무엇을 생각하는지 한참이나 잠자코 있던 부영이라는 나이 찬 창기가 이 말에 찬동하지 못하겠다는 듯이 항의를 하였다.

"팔자가 다 무어냐? 다 같이 이목구비를 갖추고 무엇이 남만 못해서 부모를 버리고 동기를 잃고, 고향을 떠나 이 짓까지 하게 되었단 말이냐. 이렇게 많은 사람들이 왜 모두 그런 기박한 팔자만 타고났겠니?"

"그것이 다 팔자 탓이 아니냐?"

"그래도 너는 팔자구나……. 아무리 생각해도 나는 팔자 밖에 우리를 요렇게 맨들어 놓은 무엇이 있는 것 같더라."

경상도 어느 시골서 새로 팔려 와 밤마다의 울음과 매에 지친 채봉이가 뛰어나서면서 쉬인 목소리로 외쳤다.

"내 세상에 보다보다 ×팔아먹는 놈의 장사 처음 보았다. 문둥이 같은 놈의 세상!"

눈물 많은 그는 제 입으로 나온 이 말에 벌써 감동이 되어 눈물이 글썽글썽하였다.

부영이가 그 뒤를 이었다.

"그래 채봉이 말마따나 문둥이 같은 놈의 세상? 우리를 요렇게 맨들어 논 것이 기박한 팔자가 아니라 이 문둥이 같은 놈의 세상이란다."

"세상이 우리를 기구하게 맨들었단 말이냐?"

봉선이는 미심한 듯하였다.

"그렇지 않으냐. 생각해 보려무나. 애초에 우리가 이리러 넘어올 때에 계약인지 무엇인지 해 가지구 우리를 팔아먹은 놈이 누구며, 지금 우리가 버는 돈을 푼푼이 뺏어 내는 놈은 누구냐. 밤마다 피를 말리고 살을 팔면서도 우리야 돈 한푼 얻어 보았니?"

"그야 그렇지."

"한 사람이 하룻밤에 적어도 육 원씩만 번다고 하여도 우리 여덟 사람이 벌써 근 오십 원 돈을 버는구나. 그 오십 원 돈이 다 뉘 주머니 속에 들어가고 마니 하루에 단 오 원어치도 못 얻어 먹으면서 우리 여덟이 애쓰고 벌어서 생판 모르는 남 좋은 일만 시켜 주지 않았니."

한참이나 있다가 봉선이가 탄식하였다.

"그러고 보니 우리가 멍텅구리가 아니냐?"

"암, 그렇구말구. 우리는 사람이 아니구 물건이란다. 놈들의 농간으로 이리저리 팔려다니며 피를 짜 놈들을 살찌게 하는 물건이란다."

"니 정말 그런고?"

"생각해 봐라. 곰곰이 생각해 보려무나 안 그런가."

"그럼 우리가 멀건 천치 아이가."

"천치란다. 멀건 천치란다. 팔자가 기박하고 이목구비가 남 못한 것이 아니라 이런 천치 짓을 하는 우리가 못났단다."

"……."

"우리가 사람 같은 대접을 받아 왔나 생각해 봐라. 개야 도야지보다도 더 천하게 여기어 오지 않았니."

부영이의 목소리는 어쩐지 여기서 떨렸다.

"먹고 싶은 것 먹어 봤니. 놀고 싶을 때 놀아 봤니? 앓을 때에 미음 한 술, 약 한 모금 얻어먹었니? 처음 들어오던 매질과 눈물에 세상이 어둡고 기한이 되어도 내놓지 않는구나."

어느덧 그의 눈에는 눈물이 돌았다. 그러나 떨리는 목소리로 여전히 계속하였다.

"저 명자만 해두 올 때에 계약한 돈을 다 벌어 주지 않았니. 그리고 기한이 넘은 지도 벌써 두 달이 아니냐. 그런데두 주인은 어데 내놓나 보아라. 한 방울이라도 더 우려내고 한 푼이라도 더 뜯어내려고 꼭 잡고 내놓지 않는구나."

이 소리를 듣는 명자의 눈에는 눈물이 괴었다. 기어코 참을 수 없이 그만 울음이 터져 나오고야 말았다.

채봉이도 따라 울었다.

나 어린 봉선이는 설움을 못 이겨서 몸부림을 치면서 흑흑 느끼기까지 하였다.

이렇게 하여 이윽고 각각 설운 처지를 회상하는 그들은 일제히 울어 버리고야 말았던 것이다.

부영이만은 입술을 찡긋이 깨물고 울음을 억제하면서 말 뒤를 이었다.

"우리는 사람이 아니다. 이 개나 도야지만도 못한 천대를 너희들은 더 참을 수 있니, 꾸역꾸역 더 참을 수 있겠니?"

"……."

"이 천대를 더들 참을 수 있겠니?"

"참을 수 없으면 어이하노."

채봉이는 눈물 섞인 목소리로 한탄하였다.

부영이는 한참 동안이나 대답이 없었다.

그러다가 마침내 그는 좌중을 돌아다보면서,

"울지들 말아라. 울면 무엇하니."

하고 고요히 심장에서 울려 내는 듯이 한 마디 또렷또렷이 뱉어 냈다.

"울지 말고 우리 한번 해 보자!"

"무얼 해 보노?"

"우리 여덟이 짜고 주인과 한번 해 보자!"

"해 보다니 어떻게 한단 말이냐."

눈물 어린 얼굴들이 일제히 부영이를 향하였다.

"우리 원이 많지 않으냐. 그 원을 풀어 달라고 주인한테 떼써 보자꾸나."

"우리 원을 주인이 들어 준다?"

채봉이 생각에는 얼토당토않는 듯하였다.

"그러니까 떼써서 안 들어 주면 우리는 우리 할 대로 하잔 말이다."

"우리 할 대로?"

눈물에 젖은 눈들이 의아하여서 다시 부영이를 바라보았다.

"모두 짜고 말을 안 들어 주면 그만이 아니냐. 돈을 안 벌어 주면 그만이 아니냐."

"그렇게 하게 하겠니?"

"일제히 결심하고 죽어도 말 안 듣는데 저희들 어떻게 한단 말이냐."

"옳지!"

"그렇지!"

그들은 차차 알아들 갔다.

마침내 부영이의 설명과 방침을 잘 새겨들은 그들은 두 손을 들고 기쁨에 넘쳐서 뛰고 외쳤다.

"좋다!"

"좋다!"

"부영아 이년아, 니 어디서 그런 생각 배웠나."

"그전에 공장에 다니던 우리 오빠에게서 들었단다. 그 때 공장에서도 그렇게 해서 월급 오르고 일 시간 적어지고 망나니 감독까지 내쫓았다드라."

"너 이년아, 맹랑하다."

"우리도 하자!"

"하자!"

"하자!"

수많은 갸냘픈 주먹이 꿋꿋이 쥐이고 눈물에 흐렸던 방 안은 이제 계획과 광명에 활짝 개어 올랐다.

이렇게 하여 결국 그들은 어여쁜 결심을 한 끈에 맺어 일을 단행하게 되었다. 이 때까지 이 세상에서 받아 온 학대에 대한 크나큰 원한과 분이 이제 이 집 주인과의 대항이라는 한 구체적 형식으로 표현되었던 것이다.

처음인 그들은 일의 교섭을 부영에게 일임하였다. 부영이는 전에 오빠에게서 들은 것이 있어서 구두로 주인과 담판하기를 피하고 오빠들의 예를 본받아서 요구서 비슷한 것을 작성하기로 했다.

여덟 사람 입에서 나오는 수많은 조목 중에서 대강 다음과 같은 요구의 조목을 추려서, 능치는 못하나 대강 읽을 줄을 알고 쓸 줄을 아는 부영이는 한 장의 종이를 도톨도톨한 다다미 위에 놓은 채 그 위에 연필로 공들여서 내리적었다.

1. 기한 넘은 명자를 하루라도 속히 내놓을 일.

1. 영업 시간은 오후 여섯 시부터 새로 두 시까지 할 일(즉, 두 시 이후에는 손님을 더 들이지 말 일).

1. 낮 동안에는 외출을 마음대로 시킬 일.

1. 한 달에 하루씩 놀릴 일.

1. 처음 들어온 사람을 매질하지 말 일.

1. 앓을 때에는 낫도록 치료를 하여 줄 일.

이렇게 여섯 가지 조목을 적고, 그 다음에 만약 이 조목의 요구를 하나라도 안 들어 주면 동맹하여 손님을 안 받겠다는 뜻을 간단히 쓰고 끝에 여덟 사람의 이름을 연서하고 각각 제 이름 밑에 지장을 찍었다.

다 쓴 뒤에 부영이가 한 번 읽어 주었다. 제 입으로 한 마디 떠듬떠듬 뜯어들 읽기도 하였다.

다 읽은 뒤에 그들은 벌써 일이 다 되고 주인이 굽실굽실 끌려오는듯 하여서 손을 치고 소리 지르고 한없이 기뻐들 하였다. 전에는 생각지도 못하였던 합력의 공이 끔찍이도 큰 것을 처음으로 안 것도 기쁜 일이었다.

뛰고 붙고 마음껏 기뻐들 한 끝에 그들은 제비를 뽑아서 공을 집은 사람이 요구서를 주인한테 가지고 가서 내기로 하였다.

3

"아, 요런 년들."

"아니꼬운 년들 다 보겠다."

"되지 못한 년들."

"주제넘은 년들."

주인 양주는 팔짝팔짝 뛰면서 번차례로 외치면서 방으로 쫓아왔다.

"같지않은 년들 이것이 다 무어냐?"

요구서가 약오른 그의 손끝에서 바르르 떨렸다.

"너이 할 일이나 하구 애초에 작정한 돈이나 벌어 주면 그만이지 요 꼴들에 요건 다 무어냐?"

한 사람 한 사람씩 노리면서 그는 떨리는 손으로 요구서를 쪽쪽 찢어 버렸다.

"되지 못한 년들, 일일이 너이들 시중만 들란 말이냐? 돈은 눈곱만큼 벌어 주고 큰소리가 무슨 큰소리냐?"

분은 터져 오르나 주인의 암팡스런 권막에 모두들 잠자코 있는 사이에 참고 있던 부영이가 마침내 입을 열었다.

"당신이 그럼 우리를 사람으로 대접해 왔단 말요?"

"이년아, 그럼 너희들을 부잣집 아가씨처럼 대접하란 말이냐?"

"부잣집 아가씨구 빌어먹을 것이구 당신이 우리를 개나 도야지만큼이나 여겨 왔소?"

"그렇게 호강하고 싶은 년들이 대초에 팔려 오기는 왜 팔려 왔단 말이냐?"

"우리가 팔려 오고 싶어 팔려 왔소?"

"그러게 말이다. 한껏 이런 데 팔려 오는 너이년들이 무슨 건방진 소리냐 말이다."

"이런 데 팔려 오는 사람은 다 죽을 거란 말요. 너무 괄세 말구려."

"꼴들에 괄세는 다 무어냐 같지않게."

"같지않다는 건 다 무어야?"

"아, 요런 년 버릇없이."

팔짝 뛰면서 그는 부영이의 따귀를 찰싹 갈겼다.

순간 약오른 그들의 얼굴에는 핏대가 쭉 뻗쳐올랐다.

"이놈아, 왜 치니?"

"무슨 재세로 사람을 함부로 치느냐?"

"너한테 매어만 지낼 줄 알았느냐?"

"발길 놈아."

"죽일 놈아."

그들은 약속한 바 없었으나 약속하였던 것같이 일제히 일어나서 소리 높이 발악을 하였다.

"하 같지않은 것들."

주인은 같지않아서보다도 예기치 아니한 소리 높은 발악에 기를 뺏겨서 목소리를 낮추고 주춤 물러선다.

"이 때까지 너희들 먹여 살린 것이 누구냐. 은혜도 모르고 너희들이 그래야 옳단 말이냐?"

"은혜? 같지않다. 누가 누구의 은혜를 입었단 말이냐."

"배가 부르니까 괜듯만 싶으냐. 밥알이 창자 속에 곤두서니까 너희들 세상만 싶으냐?"

"두말 말고 우리 말을 들어 줄려면 주고 안 들어 줄려면 그만이고 생각대로 하구려."

"흥, 누가 몸이 다나 두고 보자. 굶어 죽거나 말거나 이년들 밥 한 술 주나 봐라."

이렇게 위협하면서 주인은 방을 나가 버렸다.

"원, 나중엔 별것들 다 보겠네."

한쪽 구석에 말없이 서 있는 주인 여편네도 중얼거리며 따라나갔다.

4

이렇게 하여 주인과 대전한 지 사흘이었다. 식료는 온전히 끊기었었다.

사흘 동안 속에 곡식 한 톨 넣지 못한 그들은 기맥이 쇠진하였다.

오늘도 명자는 이층 한구석 제 방에서 엎드려 울기만 하였다.

며칠 동안 손님을 안 받으니 몸이 거뿐하기는 하였으나 그 대신 배가 고파서 견딜 수가 없었다.

"공연히 이 짓을 했지. 이 탓으로 나갈 기한이 더 늦어지면 어떻게 하나."

고픈 배를 부둥켜안고 엎드렸다 일어났다 하면서 그는 걱정하였다.

이 생각 저 생각에 설워지면 품에 지닌 사진을 몇 번이고 몇 번이고 꺼내 보았다. 사진을 들여다보면 그는 때없이 한바탕 울고야 말았다. 그러나 눈물이 마를 만하면 그는 또다시 사진을 꺼내 보았다.

이 지옥에 들어온 지 삼 년 동안 그 사진만이 그의 유일한 동무였고 위안이었다. 그것은 정든 님의 사진이 아니라 그의 어렸을 때의 집안

식구와 박은 것이었다.(그의 집안은 그 때에는 남부럽지 않게 살았던 것이다.) 아버지 어머니가 뒤에 서고 그는 어린 동생들과 손을 잡고 앞줄에 서서 박은 것이다. 추석날 읍에서 사진쟁이가 들어왔을 때에 머리빗고 새옷 입고 박은 것이었다. 벌써 칠 년 전이다. 그 후에 어찌함인지 가운이 기울기 시작하여 집에 화재가 난다, 땅이 떠내려간다, 하여 불과 사 년 동안에 다 게다 폭삭 주저앉았던 것이다. 그리하여 삼 년 전에 서리서리 뒤틀린 괴상한 연줄로 명자가 이리로 넘어오게까지 되었었다. 고향을 끌려나올 때에 단 한 가지 몸에 지니고 나온 것이 곧 이 한 장의 사진이었다.

어머니 아버지가 보고 싶을 때마다, 동생들이 생각날 때마다 그는 사진을 내 보고 실컷 울었다. 집도 절도 없는 고향에 지금 아버지 어머니가 있을 리 만무할 것이다. 그릇 이고 쪽박 차고, 알지 못하는 마을을 헤매고 있을는지도 모른다. 그러나 그것도 저것도 고향에 가야 알 것이다. 얼른 고향에 가야 그들의 간 곳도 찾아낼 수 있을 것이다.

이렇게 생각하는 그는 하루도 몇 번 사진과 눈씨름하면서 얼른 삼 년이 지나 계약한 기한이 오기만 고대하였다. 그러나 삼 년이 지나 기한이 넘어도 주인은 그를 내놓으려고 하지 않았다.

이 생각 저 생각에 분하고 원통하여서 오늘도 종일 그는 사진을 보며 울기만 하였다.

사진 보고 생각하고 울고 하는 동안에 오늘 하루도 다 가고 어느 새 밤이 되었다.

명자는 눈물을 씻고 일어나서 커튼을 열었다.

창밖에는 넓은 장안이 끝없이 깔렸고 암흑의 거리거리가 층층의 생활을 집어삼키고 바다같이 깊다.

그 속에 수많은 등불이 초저녁의 별같이 쏟아져서 깜박깜박 사람을 부르는 듯하였다.

명자는 창을 열고 찬 야기를 쏘이면서 시름 없이 거리를 내려다보았다. 그 속은 어쩐지 자유로울 것 같다. 속히 이 곳을 벗어나 저 속에 마음껏 헤엄쳐 볼까 하고도 그는 생각하였다.

매력 있는 거리를 한참이나 바라보다가 그는 다시 창을 닫고 커튼을 쳤다.

새삼스럽게 기갈이 복받쳐 왔다.

그는 그 길로 바로 곧은 층층대를 타고 내려가 층 아랫방으로 갔다.

넓은 방에는 사흘 동안의 단식에 눈이 푹 꺼진 동무들이 맥없이 눕기도 하고 혹은 말없이 앉았기도 하였다.

"배고파 못 살겠다."

명자도 더 참을 수 없어 항복하여 버렸다.

말없는 그들도 따라서 외쳤다.

"속쓰리다."

"배고프다."

"이게 무슨 못할 짓인고."

"×을 팔면 팔지 내사 배곯구는 몬 살겠다."

누웠던 부영이가 일어나서 그들을 진정시키고 쇠진한 의기를 채질하였다.

"사흘 동안 굶어서 설마 죽겠니. 옛날의 영악한 사람은 한 달이나 굶어도 늠실하였다드라."

"옛날은 옛날이고 지금은 지금이 아니냐!"

"지금 사람이 더 영악해야 되잖겠니. 저의가 아수운가 우리가 꿀리나 어데 더 참아 보자꾸나."

부영이가 이렇게 말하면

"죽든지 살든지 해 보자!"

하는 한패와, 그래도

"못 살겠다."

"못 견디겠다."

"배고파 죽겠다."

하는 패가 있었다.

"그다지도 고프냐?"

부영이는 이제 더 달래 갈 수는 없었다.

"눈이 뒤집히는 것 같고 몸이 튀틀리는 것 같아서 못 살겠다."

"그럼 있는 대로 모아서 요기라도 하자꾸나."

부영이는 치마춤을 뒤지더니 백통전을 두어 닢 방바닥에 던졌다.

"자, 너이들도 있는 대로 내놓아라. 보자."

치마춤에서들 백통전이 한 닢 두 닢씩 방바닥에 떨어졌다.

그것은 손님을 받을 때에만 가외로 한 닢 두 닢 얻어 둔 것이었다.

볼 동안에 여남은 닢 모인 백통전을 긁어모아서 부영이는 채봉이에게 주었다.

"자! 너 좀 가서 무엇이든지 먹을 것을 사 오려무나."

채봉이는 돈을 가지고 건너편 가게에 가서 두 팔에 수북이 빵을 사 들고 들어왔다.

5

"년들 맹랑하거든."

하루도 채 못 가 항복하리라고 생각한 것이 사흘이나 끌어 왔으니 주인은 놀라지 않을 수 없었다. 년들의 소행이 괘씸하기도 하였으나 애초에 잘 달래 놓을 것을 그런 줄 모르고 뻗대 온 것이 큰 실책인 것도 생각되었다. 하룻밤이 아까운 이 시절에 사흘밤이나, 문을 닫치는 것은 그에게 곧 막대한 손해를 의미한다. 더구나 다른 누구보다도 유달리 번창하는 이 누이니만치 손해는 더 큰 것이다. 숫자적 타산이 언제든지 머릿속을 떠날 새 없는 주인은 한 시간이 아까워 견딜 수 없었다. 더구나 밤이 시작됨을 따라 밖에서 더욱 요란하여지는 사내들 노래를 들으려니 한시도 더 참을 수 없어서 또 방으로 쫓아왔다.

"애들 배 안 고프냐?"

목소리를 힘써 부드럽게 하였다.

"우리 배고프든 안 고프든 무슨 상관이오?"

용기를 얻은 봉선이는 대담스럽게 톡 쏘아붙였다.

"공연히 그렇게 악만 쓰면 너이만 곯지 않느냐? 이를 때에 고분고분이 잘 들으려무나. 나중에 후회 말구."

"우리야 후회를 하든지 말든지 남의 걱정 퍽 하우."

이제 빵으로 배를 다진 그들은 쉽게 넘어가지는 않았다.

"제발 그만들 마음을 돌려라."

"그럼 우리의 원을 들어주겠단 말요."

"아예 그런 딴소리는 말고 밥들이나 먹고 할 일들이나 해라."

"딴소리가 다 무어요. 우리의 원을 들어주겠느냐 안 들어주겠느냐 말요."

"자, 일어들 나거라. 벌써 사흘밤이 아니냐?"

"사흘 아니라 석 달이래도 우리는 원을 이루고야 말 테예요."

"글쎄 너이들 일이 됐니. 밥먹여 살리는 주인한테 이렇게 대드는 법이 세상에 어데 있단 말이냐."

"잔소리는 그만두어요. 우리의 원을 들어주겠으면 주고 싶으면 그만이지 딴소리가 웬 딴소리요."

부영이가 한 마디 한 마디 또박또박 캐서 들이밀었다.

"너이년들 말 안 들을 테냐?"

누그러졌던 주인이 별안간에 발끈하였다. 노기에 세모진 눈이 노랗게 빛난다.

"얼리니까 괜듯만 싶어서 년들이."

"아따, 얼리지 않으면 어떻게 할 테요. 어떻게 할 테야?"

"그래도 그년이."

"그년이란 다 무어야."

"아, 요런 년."

주인은 팔짝 뛰면서 부영이의 볼을 갈겼다. 푹 고꾸라지는 그의 머리통을 뒤미처 갈기고 풀어진 머리채를 한 손에 감아쥐면서 그는 큰 소리로 그들을 위협하였다.

"이년들, 다들 덤벼 봐라."

그러나 악오른 것은 그만이 아니었다. 동무가 이렇게 얻어맞고 창피한 욕을 당하는 것을 보는 그들은 일시에 똑같이 분이 터져 올랐다. 전신에 새빨간 핏대가 쭉 뻗쳤다. 그러나 너무도 악이 복받쳐서 한참 동안은 벌벌 떨기만 하고 입이 붙어 말이 안 나왔다.

"이년들, 다들 덤벼라."

놈은 머리채를 지그시 감아쥐면서 범같이 짖었다.

"이놈아, 사람을 또 친단 말이냐."

"너 듣기 싫으면 피차 그만이지 왜 사람을 치느냐."

"몹쓸 놈아!"

"개 같은 놈아!"

맥은 없으나마, 힘은 모자라나마 그들은 악과 분을 한데 모아 일제히 놈에게 달려들었다. 놈의 옷자락도 붙들고 놈의 따귀도 치고 놈의 머리도 뜯고 놈의 다리에도 매어달리고 놈의 살도 물어뜯고, 그들은 악나는 대로 힘 자라는 대로 벌떼같이 놈의 몸에 응겨붙었다.

나이 찬 몸에 힘이 좀 부치기는 하였으나 원체 뼈대가 단단하고 매서운 사나이라 놈은 몸에 들어붙은 그들을 한 손으로 뿌리쳐 뜯기도 하고 발길로 차서 떨어뜨리기도 하면서 여전히 부영이의 머리채를 휘어잡은 채 이 구석 저 구석 넓은 방 안을 질질 몰고 다녔다.

밑에서 밟히고 끌리는 부영이의 입에서는 피가 흘렀다. 이리저리 끌리는 대로 넓은 방바닥에 핏줄이 구불구불 고패를 쳤다.

이윽고 한쪽에서는 분을 못 이기는 울음소리가 터져 나왔다.

"몹쓸 놈아, 쳐라."

"너도 사람의 종자냐?"

"벼락을 맞을 놈아!"

"혀를 빼물고 거꾸러져도 남지 않을 놈아!"

"사람을 죽이네!"

"순사를 불러라!"

그들은 소리를 다하고 악을 다하였다. 나중에 주인 여편네가 기겁을 하고 쫓아왔다.

옷이 찢기고 멍이 들고 피가 흘렀다.

그것도 저것도 다 헤아리지 않고 그들은 온갖 힘을 다하여 이를 악물고 놈과 세상과 접전하였다.

6

"문 열어라."

"자고 가자."

밤이 익어 감에 따라 문밖에서는 취객들의 외치는 소리가 쉴새없이 높이 났다.

"다들 죽었니."

"명자야."

"부영아."

"채봉아."

문 두드리는 소리가 새를 두고 들렸다. 그래도 안에서 대답이 없으면 부서져라 하고 난폭하게 한참씩 문을 흔들다가는 무엇이라고 욕지거리를 하면서 다른 곳으로 가 버렸다.

이렇게 한 떼 가 버리고 나면 다음에 또 한 떼가 나타났다.

"문 열어라."

"웬일이냐, 사흘이나!"

"봉선아."

"채봉아."

"봉선아."

방에서는 모두들 맥을 잃고 누웠었다. 극렬한 싸움 뒤에 피곤——하였다느니보다도 실신한 듯이 잔약한 여병졸들은 피와 비린내와 난잡 속에 코를 막고 죽은 듯이 이리저리 눕고 있었다. 분이 나서 쌔근쌔근——하지도 못하였던 것이다. 그러기에는 너무나 기맥이 쇠진하였다. 말없이 죽은 듯이 그들은 다만 눕고 있었다. 그러나 그들은 한 사람도 아직 그들이 졌다고는 생각하지 않았다. 잠시 피곤할 따름이다. 맥이 나면 또다시 싸워야 할 것이다──고 그들은 생각하고 있었다.

"봉선아."

"내다. 봉선아."

"너 이년, 나를 괄세하니?"

"봉선아."

"봉선아."

밖에서 부르는 소리가 하도 시끄럽기에 봉선이는 일어나서 방을 나가 문을 열었다.

"봉선아, 너 이년 나를 몰라보니?"

하면서 달려드는 사내는 자기를 맡아 놓고 사 주는 나지미였다. 그러나 봉선이는 오늘만은 그를 반가운 낮으로 대하지 않았다.

"아녜요. 오늘은 안 돼요."

하면서 그는 붙드는 사내를 밀치고 문을 닫으려 하였다.

"안 되긴 왜 안 된단 말이냐? 사흘이나."

사내는 그를 붙들고 놓지 않았다.

"주인 녀석과 싸우고 벌이 않기로 했어요."

"주인과 싸웠어?"

사내들은 새삼스럽게 그의 찢긴 옷, 흐트러진 머리, 피 흔적을 자세히 들여다보았다.

"자, 다음 날 오구 오늘들은 가세요."

"아니, 왜 싸웠단 말이냐?"

"주인놈이 몹쓸 녀석이라우……. 우리 말을 들어주기 전에는 우리가 일을 하나 봐라."

"주인이 몹쓸 놈이어서 싸웠단 말이냐?"

봉선이는 주춤하고 뜰을 내려서서 목소리를 높였다.

"사람을 굶기고 그 위에 죽도록 치고……. 주인놈이 천하에 고약한 놈이지, 지금 저방에는 죽도록 얻어맞고 피를 토한 동무들이 죽은 듯이 눕고 있다우."

하면서 방을 가리키는 그의 눈에는 눈물이 핑 돌았다.

봉선이의 높은 목소리에 이웃집 문전에서 떠들고 흥정하고 노래하던 사내와 계집들이 한 사람 두 사람씩 옹기종기 이리로 모여들었다.

봉선이는 설워서 견딜 수 없었다. 맡길 곳 없는 설움을 이제 이 많은 사람 앞에서 마음껏 하소연하여 보고 싶었다.

그는 뜰에 올라서서 두 손을 들고 고함을 쳤다.

"들어 보시오! 당신들도 피가 있거든 들어 보시오! 우리는 사람이 아니오? 우리가 사람 같은 대접을 받아 온 줄 아오? 개나 도야지보다도 더 천대를 받아 왔소. 당신네들이 우리의 몸을 살 때에 한 번이나 우리를 불쌍히 여겨 본 적이 있었소? 우리는 개만도 못하고 도야지만도 못하고 먹고 싶은 것 먹어 봤나, 놀고 싶을 때 놀아 봤나, 앓을 때에 미음 한 술, 약 한 모금 얻어먹었나, 처음 들어오면 매질과 눈물에 세상이 어둡고 계약한 기한이 지나도 주인놈이 내놓기를 하나. 한 방울이라도 더 우려내고 한푼이라도 더 뜯어내려고 꼭 잡고 내놓지 않는다. 우리는 사람이 아니다. 사람이 아니구 물건이다. 애초에 우리가 이리로 넘어올 때에 계약인지 무엇인지 해 가지고 우리를 팔아먹은 놈 누구며, 지금 우리의 버는 돈을 한푼 한푼 다 빨아 내는 놈은 누군가? 우리는 그놈들을 위해서 피를 짜 내고 살을 말리는 물건이다. 부모를 버리고 동기를 잃고 고향을 떠나 개나 도야지만도 못한 천대를 받게 한 것은 누구인가?"

그는 흥분이 되어서 그도 모르게 정신없이 이렇게 외쳤다. 며칠 전

부영이에게서 들어 두었던 말이 이제 그의 입에서 순서는 뒤바뀌었을망정 마치 제 속에서 우러나오는 말같이 한 마디 한 마디 뒤를 이어서 쏟아져 나왔던 것이다.

장황은 하나 그는 이것을 다 말하지 않고는 배길 수 없었다. 그는 여전히 흥분된 어조로 계속하였다.

"다 같은 이목구비를 갖추고 무엇이 남보다 못나서 이 짓을 하게 되었나. 이 더러운 짓을 하게 되었는가. 남처럼 버젓하게 살지 못하고 왜 이렇게 되었는가? 우리의 팔자가 기박해서 그런가. 팔자가 무슨 빌어 먹을 놈의 팔잔가?"

사흘 전에 부영이에게 반대하여 팔자를 주장하던 그가 이제 와서 확실히 팔자를 부정하였다. 그는 벌써 사흘 전의 그는 아니었다. 사흘 후인 이제 그는 똑바로 세상을 볼 줄 알았던 것이다.

"이 문둥이 같은 놈의 세상이, 놈들의 농간이, 우리를 이렇게 기구하게 만들지 않았는가?'

봉선이가 주먹을 쥐고 이렇게 높이 외치자, 사람 숲에서는 여러 가지 소리가 들려오고 가운데에는 감동하여 손뼉 치는 사람도 있었다.

"옳다!"

"고년 맹랑하다."

"똑똑하다."

같은 처지에 있느니만큼 그 중에 모여 섰던 이웃집 창기들에게는 봉선이의 말이 뼛속까지 젖어 들어가서 그들은 감격한 끝에 길게 한숨도 쉬고 남몰래 눈물을 씻으면서 낮은 목소리로 각각 탄식하였다.

"정말 우리는 사람이 아니다."

"개만도 못한 천대를 받아 오지 않았니?"

"부모 형제 다 버리고 이것이 무슨 죄냐?"

"몹쓸 놈의 세상 같으니."

맡길 곳 없는 설움을 이제 이렇게 뭇 사람 앞에서 마음껏 하소연한 봉선이의 속은 자못 시원하였다. 동시에 여러 사람 앞에서 한 번도 지껄여 본 적 없고 남이 하는 연설 한 마디를 들어 본 적이 없는 무식하고 철모르던 그가 어느 틈에 이렇게 철이 들고 구변이 늘었는가를 생각하매, 자기 스스로 은근히 탄복하지 않을 수 없었다.

그는 이를 악물고 높은 구변으로 계속하였다.

"우리는 이 천대를 더 참을 수 없다. 천치같이 더 속아 넘어갈 수 없다. 우리는 일제히 짜고 주인놈과 싸웠다. 놈은 우리의 말을 한 마디도 안 들어주고 우리를 사흘 동안이나 굶기면서 됩데 우리를 때리고 차고, 죽일 놈 같으니. 지금 저 방에는 죽도록 얻어맞은 동무들이 피를 토하고 누워 있다. 저 방에 저 방에."

하면서 가리키는 그의 손을 따라 사람들은 그 쪽을 향하였다.

정신없이 지껄인 바람에 잠깐 사라졌던 분이 이제 또다시 그의 가슴에 새삼스럽게 타올랐다. 그는 악을 다하여 소리소리 쳤다.

"주인놈이 죽일 놈이다. 우리가 다시 일을 하나 봐라. 다시 이 짓을 하나 봐라. 우리는 벌써 너에게 매인 몸이 아니다. 깍정이 같은 놈 다시 돈 벌어 주나 봐라."

주인이 바로 눈앞에 있는 것처럼 그는 눈을 노리고 욕을 퍼부었다.

분통이 터져서 전신이 바르르 떨렸다.

"다시 일을 하나 봐라. 이놈의 집에 이 더러운 놈의 집에 다시 있는가 봐라."

그는 이제 집 그것을 저주하는 듯이 터지는 분과 떨리는 몸을 문에다 갖다 탁 부딪쳤다.

문살이 부서지며 유리가 깨뜨려졌다.

미친 사람같이 그는 허둥지둥 다시 일어나 땅에서 돌을 한 개 찾아 들더니 봉학루라고 쓰인 문 위에 달린 붉은 등을 겨누었다.

다음 순간 뎅그렁 하고 깨뜨려지는 홍등이 땅에 떨어지기가 무섭게 으싹 하고 조밥이 되어 버렸다.

해끗한 유리 조각이 주위에 파삭 날고 집 앞은 순식간에 암흑으로 변하였다.

잠시 숨을 죽이고 그의 거동을 살피던 사람들은 어둠 속에서 수물거리기 시작하였다.

"봉선아, 너 미쳤구나!"

"주인놈을 잡아 내라!"

"잘했다. 질내 이놈의 짓을 하겠니?"

"동맹파업이다."

"잘했다!"

"요 아래 추월루에서도 했다드라!"

깨뜨려진 홍등, 어두운 이 문전을 중심으로 이 밤의 이 거리, 이 저자는 심히도 수물거리고 동요하였다.

황   제

……어둡다 요란하다 우레 소리 번갯불 바람은 천지를 쓸어 가련 건가 구름은 우주를 뭉개 버리련 건가 파도 소리 저 파도 소리 절벽을 물어뜯는 저놈의 파도 소리 수십 길 절벽을 뛰어넘어 이 집을 쓸어가려는 듯 차라리 쓸어가 버려라 집까지 섬까지 한 모금에 삼켜 버려라 오늘은 어인 일고 아침부터 이 바람 소리 파도 소리 5월이라 며칠이냐 날짜조차 까마아득 내 세월을 잊고 지낸 지 오래거니 이 외로운 섬에서 롱웃의 쓸쓸한 언덕에서 세월을 잊은 지 5년이라 6년이라 지내온 세상일이 벌써 등 뒤에 아득하게 멀구나 자연이 무심할쏘냐 그대만이 나를 알아주누나 내 마지막을 일러주누나 오늘의 그대의 이 뜻을 내 모를 바 아니요 이 어두운 천지의 조화와 부질없는 대서양의 파도 소리가 무엇을 재촉하는지를 내 모를 바 아니다 오늘이 올 것을 마음속에 생각하고 있었고 기다리고 있었다 며칠 전에 섬 위로 쏜살같이 혜성이 떨어짐을 내 보았으니 옛적 시저가 세상을 떠날 때 떨어지던 그 혜성이 섬에 떨어짐을 보았으니 내 무엇을 모르랴 그러나 내 무엇을 겁내랴 '광야의 사자'인 내 감히 무엇을 겁내랴 차라리 이 불측한 곳을 한시바삐 떠나고 싶다 이 무례한 고장을 얼른 떠나고 싶다.

해발 2천 척의 언덕 위에 덩그렇게 올려놓은 이 나무집 병영으로 쓰이던 낡은 집 1년이면 아홉 달은 바람과 비에 늙어지고 나머지 석 달은 복닥 더위에 배겨낼 수 없는 오랑캐 땅 땡볕과 바람 속에서는 초목 한 포기 옳게 자란단 말인가 자연의 정취는커녕 말동무조차 없는 열대의 이 호지——사람을 죽이는 땅이다 꽃 시들어 버리는 땅이다 나를 이 곳으로 귀양보낸 건 필연코 피트의 뜻이렷다 무더운 바람으로 사람을 죽이자는 셈 템스 강가에 사는 그 불측한 놈들이 아니고는 이런 잔인무도한 짓은 못할 것이다 나를 학살함은 영국의 귀족 정치이다 영국놈같이 포악무도한 인종이 세상에 있을까 내게 처음부터 거역한 그놈들 내 평생에 파멸을 인도한 것도 그놈들 그놈들에 대한 원한은 골수에 젖어들어 자나깨나 잊을 날이 없다 불측하고 무례한 허드슨 로오——이런 놈에게 나를 맡기는 행사부터가 글렀지 이놈은 사람의 예를 분별하지 못하는 놈이야 2만 파운드의 연액을 8천 파운드로 깎다니 음식을 옳게 가져온단 말인가 신문과 잡지를 보인단 말인가 시종들과의 거래를 금하고 구라파로 보내는 편지를 몰수해 버리고 그 즐기는 승마까지를 금하는 모두가 로오의 짓 불측한 영국놈의 짓 나랑 사귐이 깊다고 시의 오메아라를 라카스를 쫓고 쫓고 굴 고드를 멀리한 것도 그놈의 소위 내 기르는 시졸들을 위해 지니고 왔던 그릇까지를 팔게 한 것도 그놈의 짓인 것이다 그러나 참을 수 없는 한 가지의 모욕은——나더러 장군 보나파르트라구 내 일찍이 이런 모욕을 받아본 일이 없으니 분수를 모르고 천리를 그르치는 놈이지 장군 보나파르트라니 영국놈이 무엇이라고 하든지 간에 나는 황제 나폴레옹이다 황제인 것이다 지금에도 변함없는 황제인 것이다. 천년 만년에 한 사람 태어나는 뭇 별 중에서 제일로 빛나는 제왕성 황제로 태어나 황제로 끝을 막는 것이다 코르시카의 집안에 태어난 가난뱅이 귀족의 후예가 아닌 것이다 잠시 그 집의 문을 빌렸을 뿐 1769년 8월 15일——이 날은 세상의 뭇 백성이 영원히 기억해 두어야 할 날 이 마리아 승천절날 태후 레티사나를 탄생하시매 침대 요 위에는 시저와 알렉산더의 초상이 있어 스스로 제왕의 선언을 해 주다 1803년 5월 18일 백성들은 드디어 내 제왕의 몸임을 발견하고 황제로 받들었다 원로원은 공화제를 폐지하고 전국민의 뜻 3백 57만 2천 3백 29표의 투표로써 황제로 추대하매 로마에서는 법왕이 대관식을 거행하러 몸소 파리로 왔고 12월 2일 튀릴리 왕궁에서 노트르담으로 이르는 15리 장간의 길을 보병이 늘어서고 1만의 기병이 팔두 마차의 전후를 삼엄하게 경계하는 속으로 위풍이 당당하게 거동할 때 연도의 군중은 수백만 은은한 축하의 포성과 백성들의 기쁨의 부르짖음으로 파리의 시가는 한바탕 뒤집힐 듯 그 귀한 날을 얼마나 축복했던고 내 조세핀과 함께 노트르담에 이르자 나선형의 21층의 층계 그 위에는 진홍빛 융합을 둘러친 옥좌가 놓여 내 그 날 있기를 기다리지 않았던가 조세핀과 함께 층계를 올라가 옥좌에 나란히 걸치매 문무 백관 시종과 시녀 엄숙히 읍하고 있는 속으로 3백 명으로 된 합창대의 찬송가가 궁을 떠들어 갈 듯 장엄하게 울려올 때 백성들은 비로소 그들의 황제를 찾아내인 것이다 내 마음 기쁘고 만족해서 몸에 소름이 치고 가슴에 감격이 넘치다 법왕이 왕관을 받들고 내 앞에 나오매 내 그것을 받아 가지고 하늘의 주 내게 이것을 보내다 나 이외에 아무도 감히 이것을 다칠 수 없도다 외치고 스스로 머리에 얹고 이어 조세핀에게도 손수 국모의 관을 이어 주었으니 이것으로써 구라파에 새로운 천지가 탄생되었고 주가 황제로서 나를 땅 위에 보냈음이 인류의 역사와 함께 영원히 지울 수 없이 하늘과 땅과 인류의 마음속에 새겨진 것이다 이 날부터 한 달 동안 불란서의 천지는 뒤집힐 듯 상하 축하의 잔치에 정신이 없었고 해를 넘어 5월 미란에 거동해 이탈리아 왕위에 오르고 리그리아 공화국과 시스알비나 왕국을 합쳤으니 나는 불란서뿐이 아니라 전 구라파 천지에 군림하게 되었다 구라파의 황제의 위에 오른 것이다 군소의 뭇 토끼들이 사자의 앞에 숨이나 크게 쉬었으랴 내 위엄 앞에서 구라파는 떨고 겁내고 정신을 잃었다 불측한 것이 영국내 위를 소홀히 하고 예를 잃고 거역하고 끝까지 화살을 던져온 발칙한 백성——바다 건너 이 섬나라를 내 어찌 다 원망하고 저주하리 내 황제임을 거역하고 배반하는 분수를 모르고 천리를 그르친 백성들이지 장군 보나파르트라니 그놈들이 무엇이라고 하든지 간에 나는 황제 나폴레옹이다 황제인 것이다 영원히——지금에도 변함없는 황제인 것이다. 섬에서 병을 얻은 지 이태 몸 고달프고 마음 어지러워 전지 소풍을 원하나 목석 같은 악한 로오는 종시 들어 주지 않는다. 내 목숨이 진한 후 유골이나마 사랑하는 불란서 센 강 언덕에 묻어 주기를 원하나 이 역 그 무도한 백성이 들어 줄 것 같지는 않다 백만의 군졸을 거느리고 구라파의 천지를 뒤흔들던 이 내 힘으로 이제 한 사람의 냉열한 로오의 뜻을 휘이지 못함은 어인 일고 내게 왕관을 보내고 황제로 택하신 주여 이제 내게 영광을 거절하고 욕을 줌은 어인 일고 원하노니 그 뜻을 말하소 우주의 비밀을 말하소 하늘의 조화를 말하소 그대의 뜻이 무엇을 원하고 무엇을 기하관대 인간사를 이렇게 섭리하는고 영광은 오래 가지 말란 건가 기쁨은 물거품같이 꺼지란 건가 '영원'의 법칙은 공평되지 못하단 건가 변화와 무상이 우주의 원리란 말가 주 그대에게도 미움이 있고 질투가 있단 말인가 사랑이 지극하듯 미움도 지극하단 말인가 천재를 만들고 이를 질투하듯 영웅을 낳아 놓고 이를 질투한단 말가 원하노니 비밀을 말하소 조화를 말하소 내 그대의 뜻을 몰라 얼마나 마음 어지럽고 몸 고달프게 이 날 이 마지막 시간까지 의심과 의혹의 세상을 헤매임을 안다면 내게 말하소……. 나무와 무명으로 얽어 놓은 이 낡은 침대——이것이 황제의 침대여야 옳단 말가 진홍빛 용합은 못 둘러칠지언정 황제의 몸을 용납하기에 족한 것이어야 할 것을 이 나무와 무명의 침대는 어인 일고 주여 그대도 보앉으리니 무도한 로오의 인색함에 못 견디어 지난 겨울 한 대의 침대를 도끼로 쪼개어 불을 피우고 추위를 막지 않았던가 둘밖에 없는 창에는 검은 무명 휘장이 치었으니 황제의 거실의 치장이 이것으로 족하단 말가 창틈으로는 구름이 엿보고 빗발이 치고 바람이 새어드니 이것으로 제왕의 품위를 보존하기에 족하단 말가 병에는 벌써 한 방울의 포도주도 없고나 이것도 인색한 로오의 짓 날마다의 포도주의 분량을 덜어 버린 것이다 우리 안의 짐승에게 던져 주는 음식의 분량같이 일정한 분량을 제 마음대로 정한 것이다 왕을 대접하는 도리가 이것이다 이 곳은 왕이 살되 왕이 살 곳이 아니며 전부 야인의 거처하는 곳도 이보다는 나으렷다 왕을 이같이 무시하는 자 그들이 옳을 리가 없으며 그 어느 때 천벌이 없을 건가 불란서 백성이 조석으로 전전긍긍 외우고 복종하던 윤리 문답에 비추면 그들은 응당 지옥가음이다── '우리들의 황제에 대한 의무를 결하는 자는 사도 바울에 의하면 주께서 결정한 율법을 물리치는 자로서 영원의 지옥에 빠질 것이니라'

생각나는 건 지나간 영광의 나날──튀릴리 궁중의 생활──궁전은 화려하고 장엄한 설비와 치장을 베풀었으나 내 자신의 생활은 검박해서 말 한 필과 1년에 1200프랑만 있으면 유쾌하게 지낼 수 있음을 입버릇같이 외우면서 그러나 주위는 될 수 있는 대로 화려하게 해서 제왕으로서의 위엄을 보이고 조화를 지니기에 넉넉한 것이었다 평생 네 시간 이상을 자 본 일이 없는 나는 오전 일곱 시면 반드시 기침해 시의 콜비사알의 건강 진단을 받고 다음에 목욕──목욕은 가장 즐겨하는 것 끝나면 솔로 전신 마찰을 하고 수염을 밀고 아홉 시에 예복을 입고 등각 대신 이하 문무 백관을 열람식을 마치고 아침 식사 포도주와 커피 한 잔씩을 마시고 나면 하루의 정사가 시작된다 비서 부우리엔이나 마느발이나 펜을 데리고 서재나 국무원에서 국가 경륜의 대책을 초잡고 궁리하

고 의논하고 만찬 후에는 조세핀의 방에서 무도회——내 침실을 지키는
건 여섯 사람 이웃방에 롱스탕이 숙직 그 다음 방에 시종 두 사람 사환
두 사람 마부 한 사람의 여섯 사람——말메에송 별장에서의 조세핀과의
즐거운 생활의 가지가지 조세핀의 일 년 세액은 3백만 프랑 의복 7백
벌 모자 250 보석 1천만 프랑 화장의 비용 3천 프랑 그의 곁을 모시는
여관 백 명——그러나 이것도 루이 16세의 왕후 마리 앙투아네트의 생
활에 비기면 검박하기 짝 없는 것——모든 범절이 질소하면서도 늠름한
위풍을 보인 것이 튀릴리 궁중의 생활이었다 백성들은 내 작성한 윤리
문답을 알뜰히 외우고는 나 황제에 대한 의무를 추상같이 엄하게 여겼
다.

　기독교도는 그들을 통치하는 뭇 군주에게 특히 우리들의 황제 나폴레
옹 1세에 대해서 바쳐야 할 것은 사랑 공경 순종 충성 병역의 의무와
제국급 그의 제위를 유지하고 옹호함에 필요한 세금 이것이다 우리로
하여금 특히 우리들의 황제 나폴레옹 1세와 연결시키는 동기는 무릇 그
야말로 국가 다난의 시대를 당하여 우리들의 선조의 신성한 종교의 일
반적 숭배를 부활시키고 그 보호자를 삼기 위해 주께서 특히 선택하신
사람 그 심원하고 활동적인 지혜로 백성의 질서를 회복하고 그것을 유
지한 사람 그 위풍있는 수단과 힘으로써 국가를 옹호한 사람 그리고 전
가톨릭 교회의 수장인 법왕에게서 성별을 받고 주께서 도유를 받은 사
람인 까닭임으로니라 그러나 그러면서도 내게는 한 가지 불만이 있었던
것이다 비록 그 최고의 선택된 자리에 있기는 하나 시대가 시대라 내
하늘의 아들이니라고는 자칭할 수 없었던 것이다 알렉산더는 동방을 정
복하고 스스로 제우스의 아들이라고 선언했을 때 그의 모 아틴파스 그
의 스승 아리스토텔레스와 아테네의 학자들을 제외하고는 동방의 모든
백성이 그것을 믿었다 그러나 그것은 옛일 지금엔 벌써 내 스스로 제우

스의 아들이라고 일컬을 수는 없다 이것이 나의 불만이라면 불만이었다 하늘의 아들 못되는 불만이지 황제로서의 불만은 아니다 알렉산더와 시저를 넘던 그 내 위풍 해같이 빛나고 바람같이 세차고 힘 산을 뽑고 뜻 세상을 덮고 나는 새까지 떨어뜨리던 그 위엄과 세력 지금 어드매 갔느뇨 그 10년의 영화와 20년의 과거가 하룻밤 꿈이런가 한 장의 요술이런가 꿈과 요술이 잠시 이 몸을 빌려서 나타난 것인가 요술을 받을 때의 몸과 지금의 이 몸이 다른 것가 지금의 이 머리 바로 이 위에 왕관이 오르지 않았던가 이 입으로 삼군을 호령하지 않았던가 이 팔로 이 주먹으로 장검을 휘두르지 않았던가 이 몸이 튀릴리 궁전 용상에 오르지 않았던가 그 몸과 이 몸이 다른 것인가 지금 이 몸은 이 살은 이건 허수아비인가 모르겠노라 비밀의 문 내게 닫혀졌고 세상이 내게 어둡도다 섬의 날은 음산하고 대서양의 바람은 차다 사면을 둘러싼 망망한 바다 가이 없는 그 너머를 바라볼 때 마음 차지고 눈이 아득하다 그 바다 너머로 하루 한시라도 마음 달리지 않은 적 있었던가 달과 함께 바람과 함께 파도를 넘어서 항상 달리는 곳은 바다 저쪽 몸은 이 곳에 있어도 마음은 그 곳에 하루에도 몇 차례씩 억만 리 길을 쏜살같이 달려 다뉴브 강 언덕을 피라미드 기슭을 이탈리아의 벌판을 눈 쌓인 아라사의 광야를 헤매이다 번개같이 파리의 교외로 달리다가는 금시에 코르시카의 강산으로 날다 나를 길러 준 보금자리 그리운 코르시카의 강산 고향인 아아쇼의 항구 따뜻한 어머니의 애정——아니, 태후 레티사——아니, 어머니——태후이든 무엇이든 어머니임에 틀림없다 태후라느니보다는 나는 지금 어머니라고 부르고 싶은 것이 음산하고 황량한 이 섬 속에서는 어머니라고 부르는 것이 정다운 것이다 쓸쓸하고 쓰라린 속에서 제일 많이 생각나는 것은 어머니의 자태 어머니의 애정 그의 품은 결국 내 영원한 고향이다.

옛적의 장군 홀레펠네스는 여자를 멸시하고 어머니를 무시했으나 그 릇된 망상 예수도 어머니에게서 난 아들 알렉산더 시저도 어머니가 있 은 후에 생긴 몸 내게도 어머니가 있음은 치욕이 아니요 영광이다 인자 하고 용감스런 여걸이신 어머니 조국 코르시카의 독립과 혁명을 위해서 는 그의 뛰는 심장 아래에 나를 배인 채 손에 칼을 들고 출진하지 않았 던가. 일찍이 내게 가르치기를 사람의 앞에 굴하지 말라 다만 주 앞에만 머리를 숙이라고──나는 평생에 사람 앞에 머리를 숙인 적이 없다── 단 한 번 숙인 일이 있다면 1785년 열일곱 살 때 라파엘 연대에 불란서 주둔병 포병 소위로 승급되었을 때 월급은 근근 40원 가난뱅이 사관같 이 해먹기 어려운 노릇은 없어서 사교계에 나서야 된다 몸치장을 해야 한다 양복도 사야 하구 장화도 맞춰야 하구 하는 수 없이 양복 장수에 게 한 번 머리를 숙인 일──이것이 전무후무 단 한 번의 굴복이었다. 굴복이라느니보다는 생각하면 즐거운 추억의 한 토막──조그만 추억 의 실마리에도 어머니의 기재와 품격이 서리어서 그를 그리는 회포 더 욱 간절하구나 어머니는 내게 허다한 진리와 모범을 드리웠고 나는 과 거의 모든 것을 전혀 그에게서 힘입었다 어머니는 내 영광의 보금자리 요 마음의 고향 낯선 타향에 부대끼는 고달픈 마음에 서리는 향수── 그것은 어머니에게로 향하는 회포이기도 하다.

고향──마음의 고향이라면 어머니의 다음에 그리운 것은 역시 조세 핀 무어니 무어니 해도 내게는 잊을 수 없는 여자이다 무슨 소문을 내 고 어떤 풍문을 흘렸던 간에 점차 나를 정성껏 사랑했음은 사실이며 나 역시 그를 영원히 잊을 수 없다. 아름답고 요염한 걸물 세상이 넓다 해 도 그에게 비길 여자 없다 내게 행복을 준 것은 조세핀 바로 그대 잊기 나 할쏘냐 파리의 혁명이 지나 폭동을 진정시킨 후 파리 주둔병 사령관 의 임명을 받자 즉시로 시민들의 무기를 압수했을 때 그 속에 한 자루의 피 묻은 칼이 있었으니 그것이 그대와 나와의 인연을 맺어줄 줄야 꿈엔들 생각했으랴 하룻밤 유우젠이라는 소년이 와서 돌아간 아버지의 유검이라고 그것을 원한다 단두대의 이슬로 꺼져 버린 지롱드 당의 지사 보오알제에의 유검이었던 것이다 비록 원수의 사이라고는 해도 소년의 자태가 가엾어서 칼을 내주며 어린 마음에 감격되어 그 자리로 눈물을 흘리더니 이튿날 내 호의를 사례하러 찾아온 것이 보오알제에 미망인 삼십 전후의 조세핀이었던 것이다. 유분으로 얼굴을 치장하지는 않았어도 그 초초하고 검박한 근심에 싸인 자태가 스물일곱 살의 내 마음을 흠뻑 당겼다 사교계에서 거듭 만나는 동안에 마음에 작정한 바 있어 1796년 3월 19일 바라아의 알선으로 드디어 결혼해 버렸다 왕위에 올라 내 손에서 여왕의 관을 받을 때까지 그의 행실이 어쨌든지간에 내게는 조강의 아내였고 왕위에 오른 후부터 내게 대한 사랑이 더욱 극진해 갔음을 나는 안다 튀릴리 궁전에서 혹은 말메에송의 별장에서 가지가지 즐거운 추억의 씨를 뿌려 주었다 흡사 수풀 속의 샘물 같아서 길어내고 길어내도 다하지 않는 그런 야릇한 매력을 가진 그였다 확실히 그는 여걸이요 천재였다 내가 그를 이혼한 것은 그에게 대한 사랑이 진한 까닭은 아니었고 자나깨나 마음속에서 서리어 오는 위대한 욕망 채우지 않고는 견딜 수 없는 원——이것이 나로 하여금 그를 버리게 했다.

불란서의 이익을 위해서 그에게 대한 애정을 베어 버리지 않으면 안 되었던 것이다 왕위를 이으려면 왕자가 필요한 것이나 조세핀에게서 그것을 바랄 수 없음은 그나 내나 다 같이 아는 바 드디어 조세핀이여 그대 내 뜻을 굽히지 말라고 원했을 때 그는 슬픔과 절망을 못 이겨 그 자리에서 기절을 했것다 보오알제에의 유자 올탕과 유우젠이 어미를 위로해 주었것다. 1809년 12월 15일 이혼식을 거행한 후 몇 달 장간을 울어서 그는 눈에 보이지 않았더라고 내 엘바 섬에 흐르는 날 병석에 누운 것이 종시 못 일어나고 5월 30일 내 초상을 부둥켜안고 마지막 작별을 하고 그날 저녁으로 세상을 버렸다는 것이다. 가엾다 나를 얼마나 원망하고 저주했을까 그러나 그의 자태가 내 마음속에 이렇게 생생하게 지금껏 살아 있는 이상 마지막까지 마음의 고통이 비지 않았고 사랑의 실마리가 얽혀 있음은 사실 그에게 비길 여자는 없다. 내게 행복을 준 것은 그대 조세핀이었던 것이다 이제 특히 그대에 대한 생각이 간절함은 그 까닭이다 그대의 뒤를 이어서 황후로 들어선 오지리의 공주 마리 루이즈——이를 맞이한 것은 비록 정책에서 온 것이라고는 하더라도 당시에 백성들이 상심하고 통탄히 여겼던 것같이 나의 큰 실책이요 만려의 일실이었던가.

그 후의 정사에 어떤 변동이 생기고 역사라 어떻게 변했던지 간에 나는 아무도 모르는 루이즈의 여자로서의 면을 아는 것이다 이것이 내게는 가깝고 친밀하고 귀중한 것도 된다 당시 열여덟 살 건강하고 혈색이 좋고 무엇보다도 내 마음을 당긴 것은 그 푸른 눈 하늘빛같이 푸른 눈 품성이 냉정은 하나 그다지 억센 편은 아니어서 적국의 공주이면서도 불란서에 들어서는 역시 불란서 사람 내 아내로서 원망도 분함도 잊어 버리고 원만한 부부의 사이였던 것이다. 조세핀만큼 다정하지는 못하나 남편을 섬기는 도리는 극진해서 부부 생활로 볼 때 나는 그를 조세핀보다 얕게 칠 수는 없다. 여자란 쪼개 보고 헤쳐 보면 다 같은 것 그에게 비록 조세핀의 재기가 없고 프러시아 왕후 루이제의 고상한 이상은 없었다고 해도 단순한 여자로서의 일면에 있어서는 그들과 같은 것 나는 내 황후에게서 그 여자의 면을 구하면 되었지 그 이상의 것은 도시 귀찮은 것 이 점에서 나는 그를 조세핀과 같은 정도로 사랑할 수 있었고 지금에도 역시 내 황후임에는 틀림없어 가장 먼저 생각나는 것은 그이다.

지금 어디서 어떻게 하고 있을 것인고 나의 가장 가까운 가족인 그가 나의 유일의 황자 프랑수아 조셉을 데리고 어디서 어떻게 하고 있을 것인가 가장 궁금한 것이 그것이다 지리멸렬하게 찢어진 내 생애의 파멸의 마지막 걸음에서 가장 생각나고 원하는 것은 일가의 단란이다 황제라고 해도 영웅이라고 해도 그에게 항상 필요한 것은 이 단란 여기에 산 보람이 있고 인생의 기쁨이 있는 것이 아닌가 조물주나 악마만이 혼자 살 수 있는 것이요 사람은 단란 속에 살라는 마련이다. 반생 동안 단란을 무시하고 버려온 내게 이제 간절히 생각나는 건 그것이다 이것도 인과의 장난인가 조물주의 내게 대한 복수인가 무엇이든 간에 내 지금 간절히 생각나는 건 루이즈와 조셉의 일신 편지가 끊어지고 소식조차 아득하니 마음 더욱 안타깝다 영국놈 로오 그 불측한 놈이 편지조차 허락하지 않는다 도적에겐들 한 줄기의 눈물이 있지 녀석은 악마이다 지옥의 악마이다 인면을 쓴 악마인 것이다 조셉이여 루이즈여 조세핀이여 어머니와 함께 내 그대들을 생각할 때마다 철벽 같은 이 가슴속에도 눈물이 어리누나 구름이 막히누나 조세핀이여 루이즈여——도합 일곱 사람의 여인이여 이제 그대들의 자태가 무엇보다도 먼저 선명하게 차례차례로 떠오름은 이 어인 일고 그대들을 생각할 때 나는 황제도 아니요 영웅도 아니요 한 사람의 범상한 지아비요 그것으로써 만족한 것이다 그대들을 대할 때 나는 황제도 아니었고 영웅도 아니었고 세상의 뭇 사내와 다를 바 없는 지아비에 지나지 못했던 것이다 이제 나는 그대들을 사랑한 범상한 지아비의 자격으로서 생각하는 것이요 그편이 즐겁고 훨씬 생색도 있다 그대들이 침실에서 내 턱을 치고 하던 말이 '오 황제 나폴레옹이여'가 아니고 '사랑하는 보나파르트여'였던 것이요 나 또한 황제의 복색을 벗고 평범한 알몸으로 그대들의 사랑을 받지 않았던가 루이즈가 그러했고 조세핀이 그러했고——그리고 조세핀이여 그대 이전에 내 열 아홉 살 때 그르노블 포대에 중위로 있을 시절 내게 접근해온 주코롱베에의 딸——이가 말하자면 내게는 첫사랑이었다 그와의 사이가 깨끗은 했었으나 평생에 내 앞에 나타난 일곱 사람의 여자 중에서 그 제일 첫째 손가락에 꼽힐 여자가 그였다. 나는 그의 옛정을 버릴 수가 없어 조세핀 그대가 황후가 되었을 때 그대의 곁에 데려다가 시관을 삼지 않았던가 그 여자의 다음 즉 둘째 손가락에 꼽힐 여자가 조세핀 그대이다 셋째가 1802년 리옹에서 안 여자 그 다음이 1806년에 안 루벨 부인 다섯째가 다음 해 폴란드에서 사귄 와레브스카 백작 부인 여섯째가 두 번째 황후 마리 루이즈였고 마지막 일곱째가 이 섬 세인트 헬레나에 와서 안 한 사람의 시녀이다——이 일곱 사람의 여자가 내 마음속에는 순서도 어김없이 차례로 적혀서 가장 즐거운 추억을 실어 오고 유쾌한 정서를 일으켜 준다. 마음속에 첩첩으로 포개들어 앉은 반생 동안의 파란 중첩한 사건과 역사 속에서 그대들의 역사만이 가장 참스럽고 아름답게 몸에 사무쳐 온다 일곱 자태가 일곱 개의 별같이 가슴속에 정좌하고 들어앉아 모든 것에 굶주린 내 마음을 우련하게 비치어 준다.

그 별들을 우러러볼 때만 내 마음 꽃을 보듯이 반기되 누그러진다 그 한 떨기의 성좌는 내 고향이요 일곱 개의 별은 각각 그 고향의 한 칸씩의 방 나는 내 열쇠를 가지고 일곱 칸의 방문을 열고 차례차례로 각기 방 안의 모든 것 빛과 그림자와 치장과 분위기와 비밀의 모든 것을 살피고 별의 안과 밖 마음과 육체의 모든 것을 알아 버린 것이다 세상에서 가장 가깝고 친한 것이 별들 이제 그 별들과 하직하고 이렇게 떨어져 있으려니 생각나는 것은 그 고향 일곱 칸의 방 안 자장가의 노래같이 귀에 쟁쟁거리고 강가의 풀소리같이 마음 기슭에 울려 오는 건 고향의 회포——고향의 언덕과 수풀과 강가와 노래와 방 안의 그림자와 비

밀과 꽃과 모든 것——그 고향의 산천만이 내 심회를 풀어 주고 넋을
위로해 줄 것 같다 그러나 그 고향 지금 어드매 있나뇨 그 별들 어드매
있나뇨 손 닿지 않는 바다 저편에 멀리 마치 하늘의 북두칠성같이도 까
마득하구나 별을 그리는 마음 오늘에 이토록 간절하도다 간절하도다 황
제의 회포를 지금 이토록 아프게 하는 것이 별것 아니다 그 북두칠성이
다 범부의 경우와 다를 바 없는 이 내 심사를 내 부끄러워하지 않고 욕
되게 여기지 않노라.

북두칠성의 자랑에 비하면 지난날의 가지가지의 영광과 승리도 오히
려 생색이 엷어진다 혁명의 완성 이탈리아 원정 애급 정벌 통령 시대
제정 시대——20년 동안의 싸움과 사자의 토끼사냥——그러나 알지 못
괘라 영광에는 왜 반드시 치욕이 섞이고 승리에는 패배가 뒤를 잇는고
무슨 까닭이며 무슨 조화인가 영광은 날이요 치욕은 씨인가 승리는 날
이요 패배는 씨인가 그 날과 씨가 섞여서야 비로소 인생의 베를 짤 수
있는 것인가 영광만의 승리만의 비단결은 왜 짤 수 없는가 무서운 치욕
을 위해서 영광을 버릴 건가 영광을 얻은 값으로 치욕도 달게 받아야
할 것인가 치욕에 얼굴을 붉히면서도 그래도 영광을 바라는 욕심 많은
인생이여.

곰곰이 생각하면 차라리 처음부터 범부의 일생을 보냈던들 얼마나 편
한 노릇이었을까고 뉘우쳐진다 코르시카에 태어난 몸이 코르시카에서
평생을 보내게 되었던들 얼마나 평화롭고 안온하였으리 만약 영광을 위
해 태어난 몸이라면 차라리 공명의 마지막 고비 워털루의 벌판에서 쓰
러져 말가죽 속에 시체를 쌌던들 혹은 드레스덴의 싸움터에서 넘어져
마지막을 고했던들 이제 만고의 부끄럼을 이 외로운 섬 속에 남기게 되
지는 않았을 것을 모스크바에서 돌아온 이후 내 스스로 내 목숨을 끊으
려 했을 때 코오렌쿠올이며 시의 콩스탕이며 이이방이며가 왜 긴하지

않게 나를 간호하고 다시 소생하게 했던고 그들이 원수만 같다 한번 때를 놓치자 그 후부터는 좀해 그런 기회조차 얻을 수 없다 왜 알맞은 때 알맞은 곳에서 곱게 진해 버려 영광의 뒷갈망을 깨끗이 못하고 이 목숨이 이렇게도 질기게 남아 영원의 원한을 끼치게 하는고.

알지 못괘라 내 조물주의 뜻을 알 수 없노라 그는 연극을 즐겨하는 것인가 계책을 사랑하는 것인가 장난이라고 할까 시험이라고 할까 그가 꾸며 놓은 막이 열린 것은 1789년 7월 14일 카토올스주이에 파리의 거리가 불란서의 전토가 폭발하고 뒤끓던 날——이 날로부터 시작된다 혁명이 이루어지자 동란은 동란을 낳아서 천지가 뒤집히는 듯 오지리와 프러시아의 8만의 연합병이 파리의 시민을 위협할 때 마르세유의 군중 5천 명은 애국의 노래를 부르면서 파리로 들어오고 3천의 왕당이 화를 맞고 구원의 살육이 일어나고 루이 16세가 형을 받고 공포 시대는 시작되었다 우리 집안이 코르시카에서 불란서로 옮겨간 것은 이 때 루우론에 의거해서 영국 서반아 연합 함대를 물리친 공으로 소위에서 일약 여단장의 급에 오르니 이것이 오늘의 운의 실마리였던 것이다 95년 새로운 헌법이 준가되자 반대당이 일어나 소란은 그칠 바 없고 폭도 4만 명이 왕궁을 쳐들어오자 의회는 그들을 방어하기에 힘을 다해 시장 바라아는 드디어 나를 총독으로 임명하고 진정의 책임을 맡겼다 때에 내 나이 스물일곱 노장군들은 아연실색해서 풋둥이 사관이 무엇을 하려는가 하고 나를 백안시하는 것이었으나 내 대답해 가로되 '승산없는 일을 감히 하려는 어리석은 내 아니다 역량을 세밀히 헤아린 후에 이 사업을 맡은 것이다' 곧 센 강가에 50대의 대포를 늘리고 포병을 배치하고 루브르 궁전에 8천의 주력을 모으고 폭도를 진무할 새 수만의 난민은 바람에 불리는 꽃같이 물에 밀리는 개미 떼같이 여지없이 쓰러져 그 날의 파리 성하의 참혹한 꼴은 입으로 다할 수 없었다.

내 시민의 여망을 두 어깨에 지고 즉시로 파리 주둔병 사령관의 임명을 받게 되다 평생의 대망이 시작된 것은 이 때부터 조세핀과 결혼한 지 수일을 넘지 않아 이탈리아 주둔병 사령관의 임을 받은 것을 다행으로 드디어 이탈리아 원정을 떠나게 된 것이다.

니스의 병영에 이르러 볼 때 군세가 말할 수 없이 쇠미하고 빈약한 것이었으나 이를 격려시켜 오히려 이탈리아의 대군에게 향하게 하며 북이탈리아에서 이를 격파하고 4월 하순 트리노로 향해 사르디니아 왕 아마데오로 하여금 니치아를 베어 바치게 하고 다음날 밀라노에 들어가 볼로냐에서 로마 법왕 비오 6세와 화를 강하고 더욱 나아가 네에치아를 함락시키고 케른텐을 거느리고 스타이에른의 부륙을 치다 눈 속의 알프스 산을 넘어 오지리의 빈에서 성하의 맹세를 맺게 하고 4월에 레오벤에서 가조약을 맺은 후 5월 에네치아에 들어가 그 공화제를 버리고 시스알비나 공화국을 창설 제노바를 리구리아 공화국으로 고치다 10월 17일 오지리와 캄보 풀미오에서 본조약을 맺으니 이 때의 불란서의 영토는 네덜란드 이오니아 제도 에네치아 라인 강반 시스알비나 공화국 리구리아 공화국의 광범한 것이었다.

2년 동안의 원정에 생광 있는 승리를 한 것이요 적군의 포로 11만 5천 군기 170 대포 1천 1백 40 그 외에 쓸어온 미술품과 조각 등은 산을 이루다 백성들은 나를 군신 수호신이라고 받들어 파리 개선의 날 성하의 열광은 거리를 쓸어갈 듯 개선식 거행의 날 룩셈부르크 궁전은 적국의 군기로 찬란히 장식된 속에서 내 엄숙히 나아가 조약서를 내고 전리품을 바친 후 거리로 나가 수만 군졸을 거느리고 앞잡이를 서서 행진을 할 때 시민의 열광 속에서 군졸들의 늠름히 노래하는 말이 정부의 속관들을 물리치고 나폴레옹을 수령으로 하자는 뜻이었던 것이다.

바라아가 나를 찬탄해 하는 말 '나폴레옹을 만들어 내기에 조물주는 그 전력을 다하고 조금도 여력을 남기지 않았으렷다' 보나파르트의 집안은 차차 일기 시작해 일가 족속이 중요한 지위에 올라 명문 귀현들의 숭배의 중심이 되다 그러나 내 마음은 만족은커녕 한시도 편한 날이 없어 야심만만 소심익익 이 5척의 단신 속에 감출 계획은 아무도 옆에 앉은 조세핀조차도 알 바 없었다 승전 후 소란한 도읍을 떠나 뤼칸티렌의 시골에서 유유자적 독서와 사색에 몰두할 때 가슴속에는 염염한 불꽃이 피어올라 생각과 계획에 한시도 쉬일 새가 없었다 이 때야말로 나의 황금 시대였던 것이나 사람의 욕망이란 왜 그리도 한이 없는 것인가 구구한 구라파의 한쪽 구석은 내 대망의 곳이 아니요 위대한 경륜을 행하기에 너무도 척박한 땅이었다 차라리 내 가서 동쪽에 기골을 시험함만 같지 못하다. 무릇 세계의 영걸이 그 위대함을 이룬 것은 동방에 의거하지 않음이 없으니 나도 구라파를 떠나 시저와 같이 애급으로 갈 것이다 애급으로 동방으로! 이렇게 해서 애급 정벌이 시작되었다 98년 5월 19일 군함 13척 소선 14척 운송선 4백 척 군졸 4만 학자 백명 바다에 나서 반월의 진을 치니 그 길이 18노트에 뻗치다 6월 몰타 섬에 올라 이를 항복시키고 알렉산드리아를 빼앗고 카이로에 나아가 7월 21일 이를 함락시키고 시리아를 향해 가사를 빼앗고 야파를 떨어뜨리고 상장 다아크를 포위했으나 사나운 토이기 군 때문에 동방 정략이 채 이루어지지 못한 채 본국의 위난을 듣고 쿨벨에게 애급을 맡기고 일로 불란서로 향했던 것이다 혁명 정부의 전복을 계획하는 구라파 열강은 제2차 연합군을 일으켜서 본국을 침범하게 되매 위기는 날로 더해 정부의 위신 땅에 떨어지고 민심 더욱 소란해 감을 들었던 까닭이다 악한 정사에 국가는 피폐하고 백성들은 굶주려 원망의 소리 구석구석에 넘쳐 흐를 때 정부의 요인들은 사리사욕을 채울 줄밖에는 모르고 오히려 민심을 돌보지 않은 것이다 단신 파리로 향하는 도중에 내 뒤를 따르는 민중 몇천 몇

만이던가 11월 10일 나는 드디어 무력으로 정부를 넘어뜨리고 새로운 헌법을 준가해서 집정을 폐지하고 세 사람의 통령 제도를 세워 그 제일 통령에 오른 것이다 문란한 정사를 바로잡고 국내를 정리하고 열국과 화평을 구하나 고집스런 영국이 종시 휘어들지 않는다 내 다시 분연히 일어나 허리에 우는 칼을 뽑아들었다. 무라와 마세나를 각각 오지리와 이탈리아에 향하게 하고 나는 롬바르디 방면으로 나아가 시스알비나 공화국을 재흥시키고 마렝고에 격전해서 이탈리아를 정복 무라는 다뉴브 강을 건너고 모로는 프러시아를 쳐서 불란서는 다시 대승하고 신성 로마 제국은 여기에 완전히 멸망해 버렸다 영국도 드디어 뜻을 굽혀 조지 3세 아미앵에 열국과 화평을 구하게 됐으니 이 때 불란서는 바야흐로 황금 시대 내정과 외교가 크게 부흥되어 1802년 8월 2일 의원의 제의로 국민의 추대를 받아 350만 표로써 종신 통령이 되어 시스알비나 리구리아 두 공화국의 통령까지를 겸하고 튀릴리 왕궁에 살게 되니 왕궁에 몸을 들이게 된 처음이다 내 적은 항상 영국——영국은 다시 아미앵 조약을 버리고 애굽과 몰타에다 아직도 손을 대는 것이요 국내에서는 공화당이 내 주권을 즐겨하지 않는 눈치이다 차라리 공화 정치를 버림만 같지 못해 5월 18일 원로원은 국민의 투표를 얻어 나를 황제의 자리에 올려놓았다. 때에 서른다섯 살 코르시카의 조그만 집에 태어나 5척 단구에 담았던 대망 가슴속은 항상 염염히 타올라 한시도 잊을 새 없던 그 대망이 그제야 이루어진 것이다 백년 천년에 한 사람 선택될까말까한 주께서 특히 골라내는 그 인류 최고의 영광의 자리에 올랐을 때 내 마음은 얻을 것을 얻어 비로소 놓이고 만족했다. 노리던 것을 얻은 그 날로 내 목숨이 진했다고 해도 기쁘고 만족스러웠을 것을 내 힘은 너무도 크고 뜻은 너무도 높았다 흡사 땅 위의 태양 하늘에 해가 있고 땅 위에 내가 있다 솟아오르는 태양의 위력 앞에 무엇이 거역하랴 열국이 제

3차 연합군을 일으켰댔자 사자 앞에 토끼폭이나 되랴 무러로 하여금 빈을 치게 하고 마세나를 이탈리아로 보내고 나는 20만을 거느리고 동쪽에서 아라사를 치니 구라파의 전국이 드디어 내게 항하는 자 없게 되다 일가 족속으로 하여금 구라파 전토를 다스리게 함은 원래부터 내 소원 형 조셉을 에스파냐 왕으로 무러를 나폴리 왕으로 동생 쉐롬을 웨스트팔리아 왕으로 루이를 화란(네덜란드) 왕으로 봉해서 라인 연맹을 일으키고 내 그 맹주가 되니 여기에 구라파 통일은 완성되고 나는 서반구에 군림하다 마리 루이즈를 두 번째 황후로 맞아들여 황자 조셉을 탄생하매 왕업의 터 더욱 견고해지고 백 년 왕통의 대계가 완전히 서게 되었다 위력이 서반구에 떨치고 경륜이 사해에 뻗쳐 참으로 이제는 하늘의 해와 마주 서고 그와 만패를 다투게 된 것이다 한 가지의 부족이 있다면 알렉산더같이 내 자신 제우스의 아들이라고 선언하지 못한 그 일뿐이다 그 외에 더 바랄 것도 원할 것도 없었다 힘껏 당긴 활이니 그에게 무엇이 두려운 것이 있으며 꽉 찬 만월이니 그에게 무엇이 더 그리운 것이 있으랴——그러나 슬프다 그 활이 왜 늦춰져야 하고 그 만월이 왜 이지러져야 하는가 영원의 만족 영원의 행복 영원의 정복이라는 것은 없는 법인가 그것이 우주의 법칙인가 만물은 흐르고 움직이고 변하는 것——그것이 우주의 법칙인가 무엇 하자는 법칙인가 누구를 위한 무엇 때문의 법칙인가 조물주의 심술인가 질투인가 조물주는 자기가 절대의 소유자이므로 자기 이외의 절대라는 것은 작정하지 않고 허락하지 않는 것인가 인간과 땅은 지배할 수 있는 나로되 이 우주의 법칙과 조물주의 뜻만이야 어찌 지배할 수 있으랴 영광의 뒤를 잇는 굴욕을 행복의 뒤를 잇는 불행을 만족의 뒤를 잇는 슬픔을 내 어찌 막아낼 수 있었으랴 굴욕과 실패의 자취를 생각하면 치가 떨리고 피가 솟고 이가 갈리나——오호라 그것은 오고야 말았다. 물결 밀리듯 밀려들고 말았다 영광의 시대가 올 때와 마찬가지로 막아 내는 재주 없이 제물에 기어코 와 버리고야 말았던 것이다 구라파의 뭇 생쥐들이 내 앞에 쏙닥질을 하고 항거하기 시작했다 각 국은 대륙 조약을 헌신짝같이 버렸고 이베리아 반도에서는 명장 웰링턴이 굳건하게 항전하고 아라사는 연내의 분풀이를 걸어왔다 내 하는 수 없이 북국 정벌을 계교하는 5월 드레스덴에 40만 병을 거느리고 니멘 강을 건넜을 때에는 60만을 넘어 8월 스몰렌스크를 떨어뜨리고 9월 노장 쿠소프를 보로디노에 깨뜨리고 일로 모스크바를 들어갔으나——실패는 여기서 왔다 그 북쪽의 호지 눈과 추위와 거기다 화재는 나고 군량은 떨어지고 수십만 부하를 눈 속에 빼앗기고 간신히 목숨만을 얻어 가지고 되땅을 벗어나온 것이 다음 해 7월——한번 기울기 시작하는 형세는 바로잡을 도리 없어 어리석은 자의 옥편 속에만 있던 '불가능'의 글자가 어느덧 내 마음속에도 살아나기 시작했던 것이다 연합군 25만과 라이프치히에서 대전하다가 사흘 만에 패하자 라인 연맹은 와해되고 이베리아 반도는 웰링턴의 손에 떨어지고 무러는 오지리와 통하고 연합군은 불란서의 변경을 침범하게 되어 814년 3월 드디어 파리 함락하다 오호라! 4월 6일 내 퐁텡부로오에서 주권을 던지고 엘바 공에 임봉되니 근위병 근근 3백 명 세액 2백만 프랑 불란서 제정 이에 몰락되다 20일 궁전 앞에 근위병을 모아놓고 마지막 고별을 할 때 비창하다 세상일 그렇게 무상하고 슬픔이 뼛속에 사무친 적이 있었던가 사령관 부리이를 안고 군기에 입을 대고 군대에 읍하고 마차에 올라 엘바로 향해 떠날 때 사랑하는 군졸의 얼굴에 눈물이 비오듯 느끼는 소리 이곳 저곳에서 나더니 전부대가 일제히 고함을 치고 우누나 느껴 우누나 그 울음소리 내 오장육부를 녹이고 뼈를 긁어 내는 듯 눈을 꾸욱 감았다. 얼굴을 창으로 돌리나 다시 흐려지는 눈동자에는 사랑하는 부하들의 얼굴 모습조차 꺼지고 내 정신 점점 혼몽해질 뿐 엘바의 가을

은 소슬하고 지중해의 바람은 차고 날이면 날 밤이면 밤 창자를 끊어
내는 쓰라림과 슬픔——어젯날 백만의 병을 거느리고 구주의 천지를 좁
다고 날개질하던 내 오늘날 수십 리밖에 못되는 조그만 섬 속에 몸을
던지게 될 때 영웅의 심사 그 얼마나 애닯고 황제의 가슴속 그 어떨쏘
냐 세상 인정은 백짓장같이 얕고 인생의 무상은 바람같이 차고 영웅이
목석이 아닌 바에 정도 있고 피도 있나니 내 그 때의 회포를 알아줄 이
누구던가 눈물과 한숨은 황제의 것이 아니라면 그도 못하는 심중이 얼
마나 어지럽고 아프던가 엘바를 벗어나 파리에 들어가 백 날 동안 다시
제위에 올랐다고 해도 그것은 내 마지막을 장식하는 한 뼘의 무지개요
한 떨기의 꽃에 지나지 못하는 것 활짝 피었다 지고 확 돋았다 꺼지는
순간의 기쁨이었던 것이다 한번 떨어진 운명의 골패짝을 어찌 바로잡을
수 있으랴 워털루서의 적장 웰링턴과 블뤼허는 내 운을 빼앗은 사람 운
명의 방향을 돌린 사람 내 힘 벌써 진하고 기맥이 빠진 뒤이라 적장과
내 지위가 벌써 바뀌어지고 거꾸러진 것이다 7월 7일 파리가 함락하자
로쉬포올에서 미국으로 건너려 할 때 영국함 베레트폰이 나를 잡아 버
렸다 엘바를 벗어난 지 백 날 나는 다시 이 작은 섬 헬레나로 온 것이다
엘바는 이 섬에 비기면 왕토였다 이 세상 끝의 조그만 되땅 여기는 사
람 살 곳이 못 된다 땅이 뜨겁고 모래가 달아 수목이 자라지 못하고 무
더운 공기가 몸을 찌른다 목숨은 질긴 것 그래도 어언 이 호지에서 6년
동안을 살아오누나 바람 부는 아침 비 오는 밤 묵묵히 인생을 생각하며
쓰린 속에서 6년이 흘렀구나 어젯날의 황제가 오늘의 섬사람——그 속
에 무슨 뜻이 있는고 무슨 교훈이 있는고 내 날이 맞도록 해가 맞도록
궁리해도 아직 터득하지 못했노라 아무 뜻도 없는 것이다 아무 교훈도
없는 것이다 다만 조물주의 심술인 것이다 질투인 것이다. 주여 이후에
영웅을 내려거든 다시 두 번 내 예를 본받지 말지어다 이런 기구한 인

생의 창조는 한 번으로써 족한 것이다 애매한 후세의 영웅에게 짓궂은 장난을 다시 베풀지 말지어다 이것이 지금의 내 원인 것이다.

　내게 충성을 다하기 위해서 아까운 뼈를 벌판에 내던진 수천만 장졸의 영혼들이 얼마나 나를 원망할 것인가 나는 포악무도한 목석은 아니다 그들을 생각할 때 가슴속에 한 줌의 눈물이 없을쏜가 내 미워하는 건 나를 배반하고 달아난 비열한 장군들 뜻을 굽히고 절개를 꺾어 버린 반역자들——가장 총애한 유우젠 빅토르 르페에불 네에 벨체에 그대들은 마치 생쥐들같이 살금살금 퐁텐블로를 떠나 다시 부르봉 조정에 신하로 들어들 가지 않았던가 황제로서 영웅으로서 사랑하는 부하의 배반을 받았을 때같이 불쾌하고 원통한 일은 없다 그대들이 내 심사를 살펴나 줄 것인가 지난날을 생각이나 해 줄 것인가 나머지의 장군들은 지금 대체 어떻게들 하고 있을 것인가 반생 동안 나의 생사를 같이하고 조정에서나 싸움터에서나 운명을 같이한 수많은 그대들——막드날 마세나 벨나돌 쿨베에 오우쥬로오 켈레만 뷜셰엘 말몽 몰체에 란느수울 다브으 몬세에 다들 어드매 있나뇨 어디서 무엇을 하며 나를 생각하나뇨 내 마음 통하면 내 그대들을 생각할 때 그대들 역시 나를 생각하리니 그대들 지금 어디서 나를 생각하나뇨 그대들을 괴롭힌 적군의 장군들 그들 또한 지금에 어디 있을 것인고 찰스 대공 블뤼허 피트 넬슨 웰링턴 그들의 왕 알렉산더 1세 프란시스 1세 프레데릭 3세 루이제 왕후 조지 3세——그들 또한 지금에 내 생각을 하고 있을 것인가 운명의 변화란 골패짝보다도 어이가 없구나 어제와 오늘을 바꾸어 놓고 오늘과 어제를 바꾸어 놓고 그 등 뒤에서 웃는 자 누구인고 얄궂다 원망스럽다 어젯날 내 앞에서 허리를 못 펴고 길을 못 찾던 적장들이 오늘은 나를 바라보고 비웃고 뽐을 낼 것인가 측은히 여기고 조롱할 것인가 그들로 하여금 그렇게 시키기 위해서 오늘의 나를 꾸며 놓은 것인가 일의 전말을 이렇게 배치해 놓은 것인가 오냐 그들의 심사가 무엇이든간에 나는 오늘 내 부하의 장졸들과 함께 그 적장들 또한 그리운 것으로 생각한다 사람은 일생의 마지막에 있어서는 누구나를 모두 적이나 부하나를 다 함께 사랑할 수 있는 것인가 보다 지금 다 같이 생각나는 것은 적장과 부하와 일곱 개의 별과 어머니와 형제들과 그리고 단 하나의 황자 프랑수아 조셉과──오오 조셉이여 내 아들 조셉이여 지금 어드매서 무엇하고 있나뇨 내 섬에 온 이후 라신의 비극 《앙드로마크》를 읽으면서 그대를 생각하고 몇 밤이나 울었던고 앙드로마크의 회포가 나와 흡사하구나 내 그대를 생각하고 몇 밤이나 울었던고 그대의 사진이 지금 내 앞에 있다 사진이 판이 나라고 나는 그것을 바라본다 아침저녁으로 바라보고 바라보아도 또 바라보고 싶은 것 조셉이여 그대의 사진 제일 그리운 것이 그대의 모습 아무쪼록 이 아비──아니, 황제의 사적을 잊지 말고 혈통을 이을지어다 내 원이요 희망이다 명심하라 아아 피곤한 눈에 벌써 그대의 화상조차 흐려지누나 그대의 이마가 흔들리고 볼이 찌그러지누나 오늘이 내 마지막이란 말이냐 이 시간이 내 마지막이란 말이냐 영웅의 말로가 황제의 최후가 이렇단 말인가 아아 피곤하다 너무 지껄였다 내 평생에 이렇게 장황하게 지껄인 날은 한 번도 없다 늘 속에만 품고 궁리에만 잠겼었지 이렇게 객설스럽게 지껄인 적은 없다. 영웅도 마지막에는 잔소리를 하나 보다 잔소리를 하지 않으면 안 되게 되었다 묵묵히 사라지기가 원통한 것이다 그러나 지금 내 곁에 비서관 부우리엔이나 마느발이나 펜이 없는 것이 다행이지 그들은 필기의 명인들 행여나 내 이 잔소리를 그대로 받아 적어 후세에 남긴단들 반드시 내 명예는 아닐 법하다 잔소리가 많았다 피곤하다 몇 시나 됐누 아아 어둡다 요란하다 여전한 우레소리 번갯불 바람은 천지를 쓸어 가련 건가 구름은 우주를 뭉개 버리련 건가 파도 소리 저 파도 소리 절벽을 물어뜯는 저놈의 파도 소리 수십 길 절벽을 뛰어넘어 이 집을 쓸어 가려는 듯 차라리 쓸어 가 버려라 집까지 섬까지 한 모금에 삼켜 버려라 아침부터 진종일 이 바람 소리 파도 소리 자연이 무심할쏘냐. 그대만이 나를 알아 주누나 내 마지막을 일러 주누나 오늘의 그대의 이 뜻을 모를 바 아니요 천지 의 조화가 무엇을 재촉하는지를 내 모를 바 아니다 오늘이 올 것을 마 음속에 생각하고 있었고 기다리고 있었다 내 무엇을 모르랴 내 무엇을 겁내랴 차라리 이 불측한 곳을 한시바삐 떠나고 싶다 이 무례한 고장을 얼른 떠나고 싶다 시저도 결국 세상을 떠나고야 말지 않았던가 나 역 그의 뒤를 따르는 것이다 내 세상을 떠나면 구라파로 돌아가 상젤리제 를 거닐고 센 강가를 헤매며 부하들과 만날 것이다 쿨베에 데세 뷜셰엘 쥬로 무러 마세나 이들이 와서 나를 반갑게 맞이할 것이다 옛적의 영웅 스키피오 한니발 시저 프레데릭 이들과 웃고 피차의 공을 이야기할 것 이다 이제 마지막으로 내 머리맡에 모시는 자 단 여섯 사람밖에는 안 되누나 목사 비갸리와 의사 앤트말모 몬트론 아놀드 그리고 시녀와 시 복과——이뿐이란 말이냐 단 여섯 사람 하기는 튀릴리 궁중에서도 내 침실에 모시는 자는 여섯 사람이었다 그 때의 여섯 사람과 오늘의 여섯 사람——오늘은 왜 이리도 쓸쓸하고 경황 없는고 몬트론이여 아놀드여 왜 그리들 침울한고 가까이 와서 내 맥을 짚어 보라 몇 분의 시간이 남 았나를 알아맞히라 목사 비갸리여 그대도 가까이 와서 나를 위해 기도 하라 마지막 기도를 올려라 목숨이 떨어지자 주가 내 손을 이끌어 그의 왼편에 앉히도록 가장 신성한 복음의 구절로 기도를 올리라 그리고 내 진한 후에 모든 것을 구라파의 내 유족에게 전해 달라 어둡다 요란하다 바람 소리 파도 소리 땅 위의 태양이 떨어지다 용기를 내라 탄환이 나 를 뚫을 수는 없는 것이다 흠흠으으……

작품 알아보기
(단편 문학)

〈**수탉**〉은 이웃집 닭에게 지기만 하는 수탉의 모습에다, 사랑하는 사람에게 버림받은 을손의 모습을 겹쳐서 보여 준다. 〈**가을과 산양**〉에서 애라는 준보를 떠나 보내면서 미련과 애착을 끊지 못하여 죽음을 생각한다.

〈**황제**〉는 유배당한 고도에서 몸부림치는 황제 나폴레옹을 그리고 있다. 이효석의 이국적 취향이 드러나는 대표적인 작품이다. 〈**오리온과 능금**〉은 믿음직한 동지인 S의 소개로 우리 연구회에 출석한 능금의 화신 나오미와 나와의 만남을 다룬 이야기이다.

〈**공상 구락부**〉는 삼십 대의 친구들이 찻집에 모여 잡담을 즐기다가 우연히 '공상 구락부'라는 모임을 만들면서 일어나는 이야기를 다루고 있다. 지상에서 가장 이상적인 구락부를 만들고 싶어하는 친구들은 운심이 금광 사업에서 완전히 실패하자 다시 일상으로 돌아가지만, 꿈을 버리지 않는다.

〈**사냥**〉은 연중행사로 노루 사냥에 동원된 학보가 인간의 잔인성과 인간 중심적인 사고방식을 비판하는 내용이다. 학보는 며칠 뒤 저녁밥상에 노루 고기가 올라온 것을 보고 기겁을 하며 숟가락을 집어던진다.

〈**일표의 공능**〉은 변호사 시험에 실패한 건도가 부회의원 선거에 출마하는 내용을 다루고 있는데, '나'는 내가 기권한 한 표가 건도를 그릇된 길로 빠지지 않게 했다고 회심의 미소를 짓는다.

〈**도시와 유령**〉은 1928년 《조선지광》에 발표된 단편으로, 이효석이 동반자 작가로 인정받는 계기가 된다. 이 작품은 도시가 발달할수록 걸인, 불구자, 폐인 등이 증가하는 사회 현상을 간결하게 보여 주는데, 당시 프로 문학의 경직된 경향을 뛰어넘는 수준 높은 작품으로 평가받는다.

논술 길잡이
(단편 문학)

❶ 아래 그림은 〈수탉〉의 한 장면이다. 몰래 능금을 따다가 학교에서 쫓겨난 을손의 모습을 무엇에 빗대고 있는지 구체적으로 쓰라.

논술 길잡이
(단편 문학)

❷ 〈일표의 공능〉에서 내가 부회의원 선거에 나간 건도에게 한 표를 던졌더라면 건도는 어떻게 변했을지 상상하여 써 보자.

....

....

....

....

....

❸ 〈도시와 유령〉을 읽고 작가는 도시와 문명을 어떻게 생각하고 있는지 논술하라.

....

....

....

....

....

논·술·한·국·대·표·문·학 〈전60권〉

펴 낸 이	정재상
펴 낸 곳	훈민출판사
주 소	경기도 고양시 덕양구 원당동 416번지
대표전화	(031)962-3888
팩 스	(031)962-9998
출판등록	제395-2003-000042호